좋다!! 한국어

차례

교수요목

단원 주제	문형	기능	읽기와 쓰기
1과 시작	N(이)라고 하다 N(이)라고 부르다 V₁ -(으)려고 V₂	목적·의도 표현 자기소개하기	자기소개서 읽고 쓰기
2과 도서관	V-(으)려면 (N₁에서 N₂까지) N이/가 걸리다 N(이)나 〈수량〉	경과 시간 표현 문의하기	기숙사 이용 안내문 나의 공부 방법
3과 은행	N(이)랑 V-아/어 오다[가다] (N에는) N이/가 필요하다	준비 표현 은행 이용하기	은행에서 실수담 여행 계획 쓰기
4과 개강파티	N 중에서[에서] 가장[제일] V-을/ㄹ 줄 알다[모르다] V-을/ㄹ래요	최상급 표현 능력 표현 의향 묻기	한국의 특별한 잔치 자기 나라의 특별한 잔치 쓰기
5과 여가	N마다 V-은/ㄴ 지 N이/가 되다[지나다] V-는 것을[걸] 좋아하다 A/V-기 때문에	이유 표현 경험 말하기	여가생활 대화 자기의 취미 생활 쓰기
6과 계획	N만 N만 아니면 다 좋다 V-는 대신에 N 대신에 A-은/ㄴ 대신에 A/V-거나	계획 표현 선택하기	언어교환 친구 게시판 공부 계획 쓰기
7과 전화	잘못 V A-은/ㄴ데요 V-는데요 N인데요 A/V-네요 N(이)네요	전화 표현 전화하기	전화 대화 전화로 듣고 메모하기
8과 쇼핑	(훨씬) 더/덜 별로 안[못] A/V A-은/ㄴ 것 같다 V-는 것 같다 〈생각〉 N인 것 같다	주관적 생각 표현 부탁하기	마트 세일 안내 처음 장 본 물건 쓰기
9과 술 문화	'ㅎ' 불규칙 활용 (점점) A-아/어지다 V-도록 하다 V-지 않도록[말도록] 하다	상태 표현 권유하기	스트레스에 대한 글 읽고 쓰기

단원 주제	문형	기능	읽기와 쓰기
10과 건강	N이/가 N에[에게] 좋다[나쁘다] (N부터) V-기 시작하다 얼마나 자주-? N에 N 번	습관, 빈도 표현 조언하기	다이어트 건강에 좋은 습관
11과 미용실	A-게 A-아/어 보이다 N처럼[같이]	비유 표현 묘사하기	우리 반 친구들에 대해 읽고 쓰기
12과 외모	A-은/ㄴ 것 같다, V-는 것 같다 N인 것 같다 〈추측〉 A-게 생기다	추측 표현 외모 묘사하기	외모 가족이나 친구 소개
13과 성격	N 때문에 N이기 때문에 A/V-을/ㄹ 것 같다 N일 것 같다 〈미래〉 V-은/ㄴ 것 같다 〈과거〉	근거 표현 예상하기	나의 첫인상, 친구의 첫인상 읽고 쓰기
14과 이상형	A/V-(으)면 되다 N이면 되다 〈조건〉 V-(으)면 되다 〈방법〉 A/V-(으)면 좋겠다 N(이)면 좋겠다 A/V- 았/었으면 좋겠다 N이었/였으면 좋겠다	조건·방법 표현 이상형 말하기	이상형의 기준 나의 이상형
15과 소개팅	V-게 되다 안[못] A/V-(으)면 안 되다 V-는 것이[게] 어때요?	상태변화 표현 제안하기	한국의 '팅' 문화 자기 나라의 연애문화에 대해 쓰기
16과 시험	N에 대해(서) N에 대한 V-아도/어도 되다 〈허락〉 V-(으)면 안 되다 〈금지〉	허용·금지 표현	시험 선물 시험 때 주는 선물, 먹는 음식 쓰기
17과 공부	V-기(가) A N(이)라서 A/V-을/ㄹ 때 N일 때 A/V-았/었을 때 N이었/였을 때	시기 표현 조건 말하기	나의 고민 이사 가고 싶을 때 쓰기
18과 결심	V-아/어야겠다 V-는 곳 A/V-을/ㄹ지 모르겠다 N일지 모르겠다	결심 표현 추측하기	집 광고 살고 싶은 집에 대해 쓰기

단원 주제	문형	기능	읽기와 쓰기
19과 걱정	V-는 동안(에) A/V-을/ㄹ 테니까　N일 테니까 〈추측〉 V-을/ㄹ 테니까 〈의지〉	걱정 표현 친구 위로하기	잃어버린 물건 찾는 광고 읽고 쓰기
20과 축제	N을/를 가지고 오다[가다] V-은/ㄴ 적(이) 있다[없다] A/V-기로 유명하다　N(으)로 유명하다	준비 표현 경험 말하기	축제 경험 감상문 쓰기
21과 길 찾기	V₁ -다가 V₂ V-(으)면 N(이)다 [N이/가 있다] 〈위치〉 A/V-겠- 〈추측〉	방향 표현 길 찾기	길 묻기 자기 집까지 가는 길 약도 그리고 설명하기
22과 약속	A/V-지 않아요?　N 아니에요? (N와/과)　V-기로 하다 [약속하다, 결심하다]	약속 표현 확인하기	메모 약속 메모 쓰기
23과 영화	V-(으)려고요 A-은/ㄴ가요?　V-나요?　N인가요? V-은/ㄴ 다음에 〈순서〉	순서 표현 의견 묻기	비행기 표 예매하기 약속 장소 정하기
24과 주문	A-아/어(서) 죽겠다 V-을/ㄹ 건가요? N(으)로 하다 〈선택〉	감정 표현 선택, 주문하기	건강에 대한 읽기 건강에 좋은 음식과 나쁜 음식 쓰기
25과 옷가게	N이/가 N에[에게,한테] 어울리다 N이/가 N 와/과[하고, (이)랑] 어울리다 N밖에 안[못] A/V	색깔 및 모양 표현 옷 사기	글을 읽고 맞는 사람 찾기 나에게 어울리는 옷과 그 이유 쓰기
26과 병원	'ㅅ' 불규칙 활용 V₁ -지 말고 V₂ -(으)세요	금지·권고 표현	약 처방전 감기 치료법 쓰기
27과 병문안	A-다고, V-는/ㄴ다고, N(이)라고 하다 A/V-을/ㄹ거라고 하다　N일 거라고 하다 A/V-았/었다고 하다　N이었/였다고 하다	간접화법 위로하기	일기 병문안에 대한 경험 쓰기

단원 주제	문형	기능	읽기와 쓰기
28과 일기	A-다 V-는/ㄴ다 N(이)다 A/V-았/었다 N이었다/였다 A/V-을/ㄹ 것이다 N일 것이다	감정/기분 표현 문어체 표현	일기 나의 일기 쓰기
29과 추억	A-은/ㄴ지 알다[모르다] V-는지 알다[모르다] N인지 알다[모르다] A-다고 생각하다 V-는다고 생각하다 N(이)라고 생각하다	의견 표현 회상하기	나의 한국 생활 기억에 남은 경험 쓰기
30과 여행	A/V-아/어 A/V-냐/니/지? A/V-자 A/V-아/어라	반말 표현 계획 세우기	여행 상품 광고 친구에게 편지 쓰기
31과 다툼	A/V-아/어 버리다 A/V-을/ㄹ 거야 N일 거야 V_1-자마자 V_2	감정 표현	사과하는 글 싸운 경험에 대해 쓰기

1

LESSON

저는 왕밍이라고 합니다

학습 목표 • 목적 · 의도 표현   • 자기소개 하기

문　법
1. N(이)라고 하다
2. N(이)라고 부르다
3. V₁ -(으)려고 V₂

여기는 어디입니까? 여기에서 무엇을 할 수 있습니까?

여러분은 자기소개를 할 때 어떤 말을 합니까?

본문

교실에서 선생님과 인사를 합니다.

선생님 : 안녕하세요, 여러분? 만나서 반갑습니다. 저는 오늘부터 2급을 가르칠 김
정환입니다. 김 선생님이라고 부르세요. 그러면 먼저 자기소개를 해 볼까
요? 누구부터 할까요?

왕 밍 : 안녕하세요? 저는 왕밍이라고 합니다. 경기대학교에서 1급부터 공부했습
니다. 중국 사람이고, 한국어를 배우려고 한국에 왔습니다. 감사합니다.

준 코 : 안녕하세요? 만나서 반갑습니다. 저는 토다 준코라고 합니다. 그냥 준코라고
불러 주세요. 저는 일본 사람인데, 좋아하는 가수를 만나려고 한국에 왔습
니다. 잘 부탁드립니다.

호 앙 : 안녕하십니까? 제 이름은 호앙이고 베트남 사람입니다. 2급이 되어서 기쁘
고 여러분을 만나서 더 기쁩니다. 저는 한국 노래를 좋아합니다. 지금 노래
를 한 곡 부를까요?

모 두 : 와! 좋아요.

자기소개를 한 사람은 누구입니까?

준코씨는 왜 한국에 왔습니까?

어휘와 표현

여러분	-급	부르다	소개(하다)	부탁하다
반갑다	먼저	자기	그냥	-곡

① V-아서/서 반갑다 [기쁘다/고맙다/미안하다]

늦어서 미안합니다.

도와주셔서 고맙습니다.

여러분을 만나서 반가워요.

방학이 끝나고 친구들을 다시 만나서 기뻐요.

② N급

경기대학교는 1급부터 6급까지 있어요.

여러분은 이번 학기부터 2급이 되었어요.

선생님, 저는 다음 학기에 3급에 가고 싶어요.

크리스틴 씨는 시험을 잘 못 봐서 다시 1급에서 공부해요.

③ N이/가 N을/를 부르다

저기 현수 씨가 걸어가요. 불러 볼까요?

율리아 씨, 선생님께서 율리아 씨를 부르세요.

☺ 제가 노래를 부를게요.

11

④ 자기 N

책에 자기 이름을 쓰세요.
여러분, 자기 자리에 앉으세요.
여기에 자기 집 주소를 쓰세요.

😊 처음 만났으니까 자기소개를 해 봅시다.

⑤ 그냥

그냥 전화했어요.
오늘은 그냥 기분이 좋지 않아요.
어제는 집에서 그냥 텔레비전을 보면서 놀았어요.

⑥ 부탁하다

제 동생을 잘 부탁드립니다.
오늘부터 2급에서 공부합니다. 잘 부탁드립니다.
여러분, 만나서 반갑습니다. 토다 준코라고 합니다. 잘 부탁드립니다.

⑦ N 곡

이 곡을 들으면 슬퍼요.
호앙 씨, 노래를 한 곡 불러 주세요.
한국 노래를 몇 곡 부를 수 있어요.

문법

1 N(이)라고 하다

저는 율리아라고 합니다.
1월 1일은 설날이라고 합니다.
이 음식은 갈비탕이라고 합니다.

연습 1 [보기]와 같이 문형연습을 해 봅시다.

> **보기**
> 이것 / 한복
> ☞ 이것은 한복이라고 합니다.

(1) 저 / 호앙 ☞ ....

(2) 제 친구 / 진웨이 ☞ ....

(3) 이것 / 칠판 ☞ ....

연습 2 [보기]와 같이 질문에 대답하십시오.

> **보기**
> 가 : 한국의 전통 옷을 무엇이라고 합니까?
> 나 : 한복이라고 합니다.

(1) 가 : 성함이 어떻게 되십니까?

　　나 : ....

(2) 가 : 누구세요? 어떻게 오셨습니까?

　　나 : 저는 .... 김 선생님을 만나러 왔습니다.

(3) 가 : 이 동물은 이름이 뭐예요?

　　나 : 이 동물은 한국어로 ....

고양이

2 (N이/가 N을/를) N(이)라고 부르다

저는 호앙 씨를 형이라고 불러요.

저는 제 친구 현수를 돼지라고 불러요.

저는 토다 준코입니다. 그냥 준코라고 부르세요.

연습 1 [보기]와 같이 문형연습을 해 봅시다.

> **보기**
> 아기 / 저 / 엄마
> ☞ 아기가 저를 엄마라고 불러요.

(1) 친구 / 저 / 돼지

☞ _____

(2) 엄마 / 저 / 아기

☞ _____

(3) 저 / 친구 / (　　　　　　　)

☞ _____

연습 2 [보기]와 같이 질문에 대답하십시오.

> **보기**
> 가 : 준코 씨 남자친구가 준코 씨를 뭐라고 불러요?
> 나 : 자기라고 불러요.

(1) 가 : 우리 반 선생님을 뭐라고 불러요?

나 : _____ .

(2) 가 : 남자[여자] 친구를 뭐라고 불러요?

나 : _____ .

(3) 가: 옆의 친구를 뭐라고 불러요?

나 : _____ .

③ V₁ -(으)려고 V₂

-으려고	받침 있을 때	읽다 ⇒ 읽으려고
-려고	받침 없을 때	빌리다 ⇒ 빌리려고
	받침 'ㄹ'일 때	만들다 ⇒ 만들려고

청소하려고 창문을 열었어요.
부모님을 만나려고 고향에 가요.
친구에게 선물하려고 모자를 샀어요.

연습 1 [보기]와 같이 문형연습을 해 봅시다.

> **보기**
> 공부하다 / 도서관에 가다
> ☞ 공부하려고 도서관에 가요.

(1) 밥을 먹다 / 식당에 가다 ☞ _____ .

(2) 고향에 가다 / 비행기표를 사다 ☞ _____ .

(3) 친구에게 주다 / 케이크를 만들다 ☞ _____ .

연습 2 [보기]와 같이 질문에 대답하십시오.

> **보기**
> 가 : 어떻게 오셨어요?
> 나 : (편지를 보내다) 편지를 보내려고 왔어요.

(1) 가 : 왜 한국에 왔어요?
　　나 : (한국어를 공부하다) _____ .

(2) 가 : 왜 이렇게 열심히 일을 해요?
　　나 : (집을 사다) _____ .

(3) 가 : 은행에 왜 가요?
　　나 : (환전하다) _____ .

(4) 가 : 우체국에 왜 갔어요?
　　나 : (편지를 보내다) _____ .

(5) 가 : 왜 운동을 해요?
　　나 : (다이어트를 하다) _____ .

듣기

새 단어   비행기 승무원

문제 1   다음을 잘 듣고 질문에 알맞은 대답을 고르십시오. (   )

① 저는 크리스틴입니다.

② 제 이름은 크리스틴입니다.

③ 저를 크리스틴이라고 부르세요.

④ 저 사람은 크리스틴이라고 합니다.

문제 2   맞으면 ○, 틀리면 X 하십시오.

(1) 저는 지우라고 합니다. ◎ ⊗

(2) 운동하는 것을 좋아해서 매일 운동을 합니다. ◎ ⊗

(3) 지우 씨는 남자친구를 비행기 안에서 만났습니다. ◎ ⊗

(4) 비행기 승무원인데 남자 친구를 만나려고 한국에 왔습니다. ◎ ⊗

 **읽기**

※ 다음을 읽고 질문에 답하십시오.

자기소개서

안녕하세요? 저는 강현수라고 해요. 그냥 현수라고 부르세요. 지금 경기대학교 관광학과에서 공부를 하고 있어요. 올해 2학년이 되었어요. 경기대학교를 졸업하면 제주도에 가서 여행안내원이 될 거예요.

저는 노래를 좋아해서 학교에서 공부를 하면서 동아리도 하고 있어요. 저희 동아리는 노래 동아리인데 모여서 함께 노래를 배우고, 학교 축제 때는 사람들 앞에서 노래도 해요.

다음 달에 축제가 있어서 요즘 노래 연습을 아주 많이 해요. 저는 두 곡을 부르는데 한 곡은 혼자 부르고 다른 한 곡은 베트남 친구와 함께 불러요. 축제 때 꼭 와서 봐 주세요. 감사합니다.

관광학과 / N학년 / 동아리 / 축제

문제 1 윗글의 내용과 <u>다른</u> 것을 고르십시오. (   )

① 이 사람은 축제 때만 노래를 합니다.

② 이 사람의 동아리는 노래 동아리입니다.

③ 다른 사람들이 이 사람을 현수라고 부릅니다.

④ 이 사람은 제주도에서 관광 일을 하고 싶어 합니다.

문제 2 맞으면 ○, 틀리면 X 하십시오.

(1) 강현수 씨는 올해 3학년입니다. ◎ ⊗

(2) 강현수 씨는 노래 부르기를 좋아합니다. ◎ ⊗

(3) 강현수 씨는 여행안내원이 되고 싶어합니다. ◎ ⊗

(4) 강현수 씨는 경기대학교 관광학과 학생입니다. ◎ ⊗

 쓰기

※ 자기소개에 말하고 싶은 내용을 을 생각해 보고 자기소개서를 써 봅시다.

1   이름이 무엇입니까?

2   어느 나라 사람입니까? 고향은 어디입니까?

3   올해 몇 살입니까?

4   왜 한국에 왔습니까?

5   취미가 무엇입니까?

6   한국어 공부가 끝나고 무엇을 하고 싶습니까?

7

8

자기소개서

memo

LESSON

2

책을 빌리려면 어떻게 해야 돼요?

학습 목표　　• 경과 시간 표현　　• 문의하기

문　법　　1. V-(으)려면
　　　　　　2. (N₁에서 N₂까지) N이/가 걸리다
　　　　　　3. N(이)나 〈수량〉

경기대학교 중앙도서관

도서관에서 보통 무엇을 합니까?

책을 어떻게 빌립니까?

21

본문

호앙 씨가 도서관에서 책을 빌리려고 합니다.

사 서 : 어떻게 오셨습니까?

호 앙 : 안녕하세요? 저는 국제교육원에서 한국어를 공부하는 학생이에요. 책을
       빌리고 싶은데 외국 학생도 책을 빌릴 수 있어요?

사 서 : 그럼요. 물론이에요.

호 앙 : 그럼 책을 빌리려면 어떻게 해야 돼요?

사 서 : 먼저 국제교육원 학생증을 주세요. 그리고 도서관 이용 신청서를 써야 돼요.

호 앙 : 그렇군요. 그럼 바로 책을 빌릴 수 있어요?

사 서 : 아니요. 신청서를 내고 일주일 정도 기다리셔야 해요.

호 앙 : 일주일이나 걸려요?

사 서 : 네, 대출증이 나오려면 일주일이 걸리니까 다음 주에 다시 오세요.

호 앙 : 네, 알겠습니다. 알려 주셔서 감사합니다.

호앙 씨는 무엇을 하려고 합니까?

외국 학생이 책을 빌리려면 어떻게 해야 됩니까?

어휘와 표현

빌리다	알리다	-정도	걸리다	학생증
대출하다	사서	내다	나오다	이용하다
신청하다	바로	대출증	신청서	

1 **N에서 N을/를 빌리다[빌려주다]**
N에게[한테] N을/를 빌리다[빌려주다]

동생에게 모자를 빌렸어요.

현수 씨는 도서관에서 책을 빌립니다.

호앙 씨가 준코 씨한테 10,000원을 빌리려고 해요.

😊 여기에서 자전거를 빌려줍니다.

😊 제가 친구에게 우산을 빌려줬어요.

😊 이 책을 현수 씨한테 빌려주려고 해요.

2 **N을/를 이용하다**

도서관을 이용하고 싶어요.

편의점은 24시간 이용할 수 있습니다.

컴퓨터를 이용하고 싶으면 사무실에 말하세요.

3 **N을/를 신청하다**

학교 기숙사를 신청하려고 해요.

한국 문화수업을 신청하고 싶어요.

한국어 도우미는 사무실에서 신청해야 돼요.

4 **N이/가 나오다**

선생님, 시험 성적이 언제 나옵니까?

손님, 주문한 음식이 모두 나왔습니다.

제가 좋아하는 가수가 텔레비전에 나와요.

23

5 대출하다 ⇔ 반납하다

호 앙 : 이 책을 빌리고 싶습니다.

사 서 : 아, 대출하려고요?

호 앙 : 이 책을 언제 반납해야 합니까?

사 서 : 삼일 후에 반납하면 됩니다.

6 바로

가 : 너무 배가 고파요. 지금 바로 밥을 먹으러 갈까요?

나 : 좋아요. 저도 배가 아주 고파요. 엥크 씨, 뭘 드실 거예요?

가 : 저는 바로 먹을 수 있는 라면을 먹을 거예요. 밥을 먹고 바로 도서관에 갈까요?

나 : 그래요. 숙제가 많으니까 바로 도서관에 가서 숙제를 합시다.

7 N 정도

가 : 준코 씨, 기숙사에서 학교까지 얼마나 걸려요?

나 : 걸어서 10분 정도 걸려요.

가 : 율리아 씨는 집에서 학교까지 얼마나 걸려요?

나 : 저는 버스로 30분 정도 걸려요.

8 N 을/를 알리다 [알려 주다]

선생님께 이 문제를 빨리 알려야 해요.

제가 친구에게 이 이야기를 알리고 다시 전화할게요.

😊 율리아 씨, 휴대폰 번호를 알려 주세요.

😊 지금 몇 시예요? 시간을 알려 주세요.

문법

① V-(으)려면

-으려면	받침 있을 때	읽다 ⇒ 읽으려면
-려면	받침 없을 때	빌리다 ⇒ 빌리려면
	받침 'ㄹ'일 때	만들다 ⇒ 만들려면

가 : 책을 빌리려면 어떻게 해야 해요?

나 : 책을 빌리려면 학생증이 있어야 합니다.

가 : 한국어 책을 읽으려면 어떻게 해야 해요?

나 : 한국어 책을 읽으려면 먼저 한국어를 배워야 합니다.

연습1 [보기]와 같이 문형연습을 해 봅시다.

도서관 / 가다

☞ 도서관에 가려면 어떻게 해야 해요?

(1) 최 선생님 / 만나다 ☞ _____ 어떻게 해야 해요?

(2) 한국 책 / 읽다 ☞ _____ 어떻게 해야 해요?

(3) 학생증 / 만들다 ☞ _____ 어떻게 해야 해요?

연습2 [보기]와 같이 질문에 대답하십시오.

가 : 도서관은 어떻게 갑니까?

나 : 도서관에 가려면 저쪽으로 가야 합니다.

(1) 가 : 언제 윤 선생님을 만날 수 있습니까?

　　나 : _____ 잠시 기다려야 합니다.

(2) 가 : 어디에서 한국어를 잘 배울 수 있습니까?

　　나 : _____ 경기대학교에서 배워야 합니다.

(3) 가 : 언제 학생증을 신청할 수 있습니까?

　　나 : _____ 내일 다시 와야 합니다.

2 (N₁ 에서 N₂ 까지) N이/가 걸리다

가 : 학교에서 집까지 얼마나 걸려요?

나 : 학교에서 집까지 걸어서 10분이 걸려요.

가 : 여기에서 남대문 시장까지 얼마나 걸려요?

나 : 여기에서 남대문 시장까지 버스로 20분 정도 걸릴 거예요.

연습 1　[보기]와 같이 질문에 대답하십시오.

> **보기**
>
> 가 : 수원에서 서울까지 얼마나 걸려요?
>
> 나 : (지하철, 한 시간) 지하철로 한 시간이 걸려요.

(1) 가 : 한국에서 중국까지 얼마나 걸려요?

　　나 : (비행기, 두 시간) _____.

(2) 가 : 기숙사에서 교실까지 얼마나 걸려요?

　　나 : (걷다, 15분) _____.

(3) 가 : 영화 시간이 얼마나 걸려요?

　　나 : (두 시간쯤) _____.

연습 2　다음 질문에 친구와 같이 이야기해 보십시오.

> **보기**
>
> 집에서 학교까지 어떻게 와요? 시간이 얼마나 걸려요?

이름	어떻게 와요?	시간이 얼마나 걸려요?

3 N(이)나

-이나	받침 있을 때	두 시간 ⇒ 두 시간이나
-나	받침 없을 때	두 개 ⇒ 두 개나

교실에 학생이 20명이나 있어요.

도서관에서 책을 5권이나 빌렸어요.

왜 이렇게 늦었어요. 1시간이나 기다렸어요.

연습 1 [보기]와 같이 문형연습을 해 봅시다.

> **보기**
>
> 세 시간
> ☞ 세 시간이나

(1) 일 년 ☞ ....

(2) 스무 개 ☞ ....

(3) 다섯 병 ☞ ....

(4) 네 시간 ☞ ....

연습 2 [보기]와 같이 알맞은 말을 쓰십시오.

> **보기**
>
> 가 : 두 시간이나 지났어요?
> 나 : 그래요. 벌써 두 시간이나 지났어요.

(1) 가 : .... ?

　　나 : 네, 일주일이 지났어요.

(2) 가 : 오래 기다렸어요?

　　나 : 네, ...

(3) 가 : 술을 얼마나 마셨어요?

　　나 : ....

듣기

새 단어 사인(하다)

문제 1 다음을 잘 듣고 질문에 알맞은 대답이 <u>아닌 것</u>을 고르십시오. (   )

① 먼저 학생증을 가지고 와야 됩니다.

② 이 대출 신청서에 이름을 쓰십시오.

③ 대출증을 받으려면 하루 정도 기다려야 됩니다.

④ 죄송하지만, 외국 학생은 책을 빌릴 수가 없습니다.

문제 2 다음을 잘 듣고 질문에 알맞은 대답을 쓰십시오.

(1) 여기는 어디입니까?

----

(2) 율리아 씨는 여기에서 무엇을 하려고 합니까?

 읽기

※ 다음을 읽고 질문에 답하십시오.

경기 기숙사 이용 안내

1. 학생 식당은 지하 1층에 있습니다. 아침 식사는 오전 7시부터 9시까지, 저녁 식사는 5시 부터 7시까지입니다. 점심 식사는 나오지 않습니다.

2. 컴퓨터실은 2층 왼쪽 끝에 있고, 독서실은 반대쪽 끝에 있습니다. 이용 시간은 자정까 지지만, 시험기간에는 24시간 이용할 수 있습니다.

3. 세탁실과 휴게실은 각 층에 있지만 헬스장과 편의점은 옆 건물을 이용해 주십시오.

4. 기숙사에는 밤 11시 30분까지 들어와야 됩니다.

5. 기숙사에서는 담배를 피울 수 없습니다.

6. 자정부터는 큰 소리로 말하지 마십시오.

7. 방에 문제가 있으면 1층 관리 사무실에 이야기 하십시오.

독서실 / 반대쪽 /N기간 / 세탁실 / 휴게실 / 각 N / 자정

문제 1 윗글의 내용과 맞는 것을 고르십시오. (   )

① 자기 방에서 담배를 피울 수 있습니다.

② 학생 식당에서 아침, 점심, 저녁 식사가 나옵니다.

③ 밤 11시 30분 후에는 기숙사에 들어갈 수 없습니다.

④ 각 층에 헬스장이 있어서 매일 운동을 할 수 있습니다.

문제 2 컴퓨터실과 독서실은 언제 24시간 이용할 수 있습니까?

....

문제 3 방에 문제가 있으면 어떻게 해야 됩니까?

....

 **쓰기**

※ 한국어를 잘하려면 어떻게 해야 합니까? 여러분이 생각하는 한국어를 잘하는 방법을 소개해
  보십시오.

한국어를 잘하는 방법

memo

3

LESSON

체크카드를 만들려면 뭐가 필요해요?

학습 목표   •준비 표현   •은행 이용하기

문 법
1. N(이)랑
2. V-아/어 오다[가다]
3. (N에는) N이/가 필요하다

은행에서는 무엇을 할 수 있습니까?

한국에서 은행에 가 봤습니까? 무엇을 했습니까?

본문

통화	사실 때	파실 때
미국 USD	1,156.38	1,116.62
일본 JPY	1,033.23	997.69
중국 CNY	177.80	160.88
캐나다 CAD		832.30

환전

번호표

왕밍 씨가 환전을 하려고 은행에 갔습니다.

왕 밍 : 달러를 좀 바꾸려고 하는데 어떻게 해야 돼요?

직원1 : 저기에서 번호표를 뽑고 기다리세요.

(딩동)

왕 밍 : 이 돈을 좀 환전하고 싶은데, 오늘은 환율이 어떻게 되지요?

직원2 : 1달러에 1,200원입니다. 얼마를 환전하시겠습니까?

왕 밍 : 여기 100달러를 바꿔 주세요.

직원2 : 네, 알겠습니다. 여기 120,000원입니다.
　　　 손님, 통장이 있으시면 체크카드를 만들어 드릴까요?

왕 밍 : 체크카드가 뭡니까?

직원2 : 현금지급기에서도 사용할 수 있고, 물건을 살 때도 바로 사용할 수 있어서
　　　 편하실 거예요.

왕 밍 : 아, 신용카드와 조금 비슷하군요. 그럼 체크카드를 만들려면 뭐가 필요해요?

직원2 : 체크카드 신청에는 신분증이랑 통장이 필요한데 지금 있으세요?

왕 밍 : 네, 있어요.

직원2 : 그러면 여기에 성함, 외국인등록번호, 주소랑 전화번호 그리고 통장 계좌 번
　　　 호를 써 오세요. 비밀번호도 쓰셔야 해요.

왕 밍 : 다 썼어요. 카드를 지금 바로 받을 수 있어요?

직원2 : 아니요, 다음 주에 받을 수 있어요. 댁으로 바로 보내 드릴게요.

왕 밍 : 네, 알겠습니다. 감사합니다.

왕밍 씨는 은행에서 무엇을 했습니까?

체크카드를 만들려면 뭐가 필요합니까?

어휘와 표현

번호표	비밀번호	뽑다	편하다
계좌 번호	카드	필요하다	외국인등록번호
비슷하다	현금지급기		

1 **N을/를 뽑다**

병원에 가서 이를 뽑았어요.

은행가면 먼저 번호표를 뽑아야 해요.

어머니의 머리에서 흰 머리카락을 뽑아 드렸어요.

2 **N 카드**

호앙 씨에게 생일카드를 주었어요.

외국인도 신용카드를 만들 수 있어요?

체크카드로 물건을 살 수 있어서 편해요.

3 **(N이/가) 편하다**

체크카드가 현금보다 편해요.

현금지급기를 사용하면 편해요.

4 **N 번호**

통장 계좌 번호를 알려 주세요.

휴대폰 번호를 좀 가르쳐 주세요.

비밀번호는 다른 사람들에게 가르쳐 주지 마세요.

35

 문법

1 N(이)랑

이랑	받침 있을 때	가방이랑
랑	받침 없을 때	남자친구랑

백화점에서 옷이랑 가방을 샀어요.

오늘 점심은 떡볶이랑 김밥을 먹었어요.

돈을 찾으려면 체크카드랑 비밀번호가 필요해요.

연습 1 [보기]와 같이 문형연습을 해 봅시다.

> **보기**
> 방 / 책상 / 컴퓨터
> ☞ 방에 책상이랑 컴퓨터가 있어요.

(1) 교실 / 저 / 호앙   ☞ _____

(2) 집 / 친구 / 동생   ☞ _____

(3) 서점 / 책 / 사전   ☞ _____

연습 2 [보기]와 같이 질문에 대답하십시오.

> **보기**
> 가 : 생일에 무엇을 먹습니까?
> 나 : 케이크랑 떡을 먹어요.

(1) 가 : 아침에 무엇을 먹었어요?

　　나 : _____.

(2) 가 : 교실에 무엇이 있어요?

　　나 : _____.

(3) 가 : 무슨 음식을 좋아해요?

　　나 : _____.

❷ V-아/어 오다 [가다]

내일까지 숙제를 해 오세요.

지우 씨가 고향에 선물을 사 갔어요.

신청서에 이름과 주소, 전화번호를 써 오세요.

연습 1 [보기]와 같이 문형연습을 해 봅시다.

> **보기**
>
> 이메일 주소 / 쓰다 / 오다
> 👉 이메일 주소를 써 오세요.

(1) 선물 / 사다 / 가다 👉 _____

(2) 우산 / 가지다 / 가다 👉 _____

(3) 숙제 / 하다 / 오다 👉 _____

연습 2 [보기]와 같이 질문에 대답하십시오.

> **보기**
>
> 가 : 진웨이 씨 생일에 무엇을 사 갈까요?
> 나 : 케이크를 사 가세요.

(1) 가 : 바다에 무엇을 가져 갈까요?

　　나 : _____.

(2) 가 : 한국에 뭘 가져 왔어요?

　　나 : _____.

(3) 가 : 선생님, 오늘 숙제가 뭐예요?

　　나 : _____.

3 (N에는) N이/가 필요하다

여행에는 모자가 필요해요.
체크카드 신청에는 신분증이 필요해요.
한국어 수업에는 책이랑 사전이 필요해요.

연습 1　[보기]와 같이 문형연습을 해 봅시다.

생일 파티 / 케이크, 선물
☞ 생일 파티에는 케이크랑 선물이 필요해요.

(1) 여행 / 여권, 비자　☞ _____

(2) 교실 / 책상, 의자　☞ _____

(3) 수업 시간 / (　　) ☞ _____

연습 2　[보기]와 같이 질문에 대답하십시오.

가 : 여행을 가려면 무엇이 필요해요?
나 : 여행에는 돈이 필요해요.

(1) 가 : 등산을 하려면 무엇이 필요해요?

　　나 : (운동화) _____ .

(2) 가 : 다이어트를 하려고 하는데 무엇이 필요해요?

　　나 : (운동) _____ .

(3) 가 : 도서관 대출증을 신청하려면 무엇이 필요해요?

　　나 : (신청서) _____ .

듣기

새 단어  인터넷 쇼핑 인터넷 뱅킹 아이디

문제 1 다음을 잘 듣고 알맞은 대답을 고르십시오. (   )

① 여기 신청서를 써 주세요.

② 내일까지 통장을 가지고 오세요.

③ 지금은 통장이 없으니까 안 됩니다.

④ 학생증 신청에는 사진과 신청서가 필요해요.

※【2~3】 다음을 잘 듣고 질문에 답하십시오.

문제 2 여기가 어디입니까 ? (   )

문제 3 들은 내용과 <u>다른</u> 것을 고르십시오. (   )

① 이 사람은 오늘 환전을 하지 않았습니다.

② 체크카드 신청에는 신분증과 통장이 필요합니다.

③ 인터넷 뱅킹을 신청하려면 비밀번호를 써야 합니다.

④ 인터넷에서 쇼핑을 하려면 인터넷뱅킹을 신청 해야 합니다.

 읽기

※ 다음을 읽고 질문에 답하십시오.

 저는 은행을 자주 이용합니다. 은행에서 달러를 한국 돈으로 바꾸기도 하고, 지폐를 동전으로 바꾸기도 하고, 돈을 저축하기도 합니다. 저는 한국에 3월에 와서 한국말을 잘 못합니다. 그래서 실수를 많이 합니다.

지난주에 저는 통장을 만들고 싶어서 은행에 갔습니다. 번호표를 뽑고 통장 신청서를 쓴 후에 직원에게 갔습니다.

"동전을 만들고 싶은데요."

"네?"

직원이 잘 못 들어서 다시 이야기했습니다.

"동전을 만들고 싶어요. 여기 동전 신청서예요."

직원이 통장 신청서를 보고 제 말을 알아들었습니다. 직원이 웃으면서 이야기 했습니다.

"아, 통장이요? 동전이 아니에요. 통장이에요"

'통장'과 '동전'의 발음이 비슷해서 저는 '통장'을 '동전'이라고 이야기 했습니다.

한국어 발음은 정말 어렵습니다.

지폐 / 동전 / 저축하다 / 알아듣다 / 발음

문제 1 윗글의 내용과 맞는 것을 고르십시오. (　　)

① 직원은 이 사람이 실수해서 화가 났습니다.

② 이 사람은 일본 돈으로 바꾸려고 은행에 갔습니다.

③ 이 사람은 오늘 동전을 바꾸고 싶어서 은행에 갔습니다.

④ 이 사람은 번호표를 뽑고 신청서를 쓰고 직원에게 갔습니다.

문제 2 이 사람은 왜 은행에 갔습니까?

....

....

....

쓰기

※ 여행을 가려고 합니다. 여행에는 무엇이 필요합니까? 무엇을 준비해야 합니까? 여러분의 여행 계획을 써 보십시오.

무엇이 필요합니까?

무엇을 하고 싶습니까?

어디에 가고 싶습니까?

누구와 같이 가고 싶습니까?

4

LESSON

한국 노래를
부를 줄 알아요?

학습 목표
- 최상급 표현   • 능력 표현   • 의향 묻기

문   법
1. N 중에서[에서] 가장[제일]
2. V-을/ㄹ 줄 알다[모르다]
3. V-을/ㄹ래요

여러분 나라에서는 언제 파티를 합니까?

파티를 할 때 보통 무엇을 합니까?

본문

2급 친구들이 함께 개강 파티를 하려고 이야기를 합니다.

율리아 : 왕밍 씨, 오늘 수업이 끝나고 뭐 할 거예요?

왕 밍 : 특별한 약속은 없어요.

율리아 : 그러면 수업이 끝나고 한잔할까요? 준코 씨는 어때요?

준 코 : 좋아요. 한잔하고 노래방에 갈래요?

왕 밍 : 노래방이요? 좋지요.

율리아 : 저도 좋아요. 아, 저기 라이언 씨가 와요.
          라이언 씨, 오늘 개강 파티를 하려고 하는데 같이 갈래요?

라이언 : 좋아요. 저도 갈래요.

왕 밍 : 라이언 씨는 한국 노래를 부를 줄 알아요?

라이언 : 그럼요. 몇 곡 부를 수 있어요. 저는 노래 중에서 한국 노래를 가장 좋아해요.

반 친구들이 오늘 무엇을 하려고 합니까?

라이언 씨는 무엇을 할 줄 압니까?

어휘와 표현

특별하다	약속하다	개강
–방	한잔하다	파티

1 특별하다

한국에서 만난 사람들은 모두 특별한 친구입니다.
이 선물은 어머니가 주셔서 아주 특별해요.

가 : 지우 씨, 늦었지만 생일 축하해요. 특별한 선물은 아니지만 받아 주세요.
나 : 준코 씨, 정말 고마워요.

2 약속하다 → 약속을 지키다

저는 새해에 많은 약속을 했어요. 올해에는 그 약속을 모두 지키려고 합니다.

가 : 라이언 씨, 어제 무슨 일 있었어요? 왜 약속 장소에 오지 않았어요?
나 : 약속을 못 지켜서 미안해요. 수업이 늦게 끝났어요.

3 개강(을) 하다

2급이 어제 개강을 했는데 아파서 학교에 못 갔어요.

가 : 현수 씨, 이번 학기 한국어 수업은 개강이 언제입니까?
나 : 내일 모레입니다.

Lesson 4
한국 노래를 부를 줄 알아요?

45

4 N 파티

오늘 준코 씨 생일이니까 같이 생일 파티를 합시다.

가: 개강 파티에 몇 명이 왔어요?
나: 10명 정도 왔어요.

5 N방→ 노래방, PC방, 찜질방

저는 PC방에서 게임을 해요.
오늘은 노래방에서 노래를 했습니다.
내일은 친구와 같이 찜질방에 갈 거예요.

문법

① N 중에서 가장[제일]

N 에서 가장[제일]

가 : 꽃 중에서 가장 예쁜 꽃이 뭐예요?

나 : 꽃 중에서 장미꽃이 가장 예뻐요.

가 : 한국 음식 중에서 무슨 음식을 제일 좋아해요?

나 : 한국 음식 중에서 김치찌개를 제일 좋아해요.

연습 1 [보기]와 같이 질문에 대답하십시오.

> **보기**
>
> 가 : 누가 가장 공부를 잘해요?
>
> 나 : (친구 / 호앙) 친구 중에서 호앙 씨가 가장 공부를 잘해요.

(1) 가 : 누가 제일 키가 커요?

　　나 : (친구 / 라이언) _____ .

(2) 가 : 누가 제일 머리가 길어요?

　　나 : (여자 / 율리아) _____ .

(3) 가 : 누가 가장 말이 빨라요?

　　나 : (우리 반 / 준코) _____ .

연습 2 다음 중 무엇이 가장 쌉니까? 무엇이 가장 비쌉니까? 이야기해 보십시오.

> **보기**
>
> 마트 중에서 사과는 경기 마트가 가장 싸지만 돼지고기는 경기 마트가 제일 비쌉니다.

	경기 마트	광교 마트	연무 마트
사과(한 개)	300원	450원	400원
돼지고기(한 근)	9,000원	8,500원	8,750원
생선(한 마리)	2,350원	2,450원	2,500원

② V-을/ㄹ 줄 알다[모르다]

-을 줄 알다	받침 있을 때	먹다 ⇒ 먹을 줄
-ㄹ 줄 알다	받침 없을 때 받침 'ㄹ'일 때	마시다 ⇒ 마실 줄 만들다 ⇒ 만들 줄

가 : 호앙 씨, 한국 노래 부를 줄 알아요?

나 : 네, 아리랑을 조금 부를 줄 알아요.

가 : 왕밍 씨, 한글로 이메일을 보낼 줄 알아요?

나 : 아니요. 한글로 이메일을 보낼 줄 몰라요.

연습 1 [보기]와 같이 질문에 대답하십시오.

> 가 : (한국 노래 / 부르다) 한국 노래를 부를 줄 알아요?
> 나 : (네) 네, 부를 줄 알아요. 그렇지만 잘 못 불러요.
> (아니요) 아니요, 부를 줄 몰라요.

(1) 가 : (한국어 책 / 읽다) _____?

　　나 : 아니요, _____.

(2) 가 : (스키 / 타다) _____?

　　나 : 네, _____.

(3) 가 : (한국 음식 / 만들다) _____?

　　나 : 네, _____.

연습 2 무엇을 할 줄 압니까? 친구와 다음을 이야기해 보십시오.

> 가 : 지은 씨, 한국말을 할 줄 알아요?
> 나 : 네, 할 줄 알지만 잘 못 해요.

	나	친구 :
피아노를 치다		
한국 음식을 만들다		
한국 노래를 부르다		

3 V-을/ㄹ래요

-을래요	받침 있을 때	먹다 ⇒ 먹을래요
-ㄹ래요	받침 없을 때	가다 ⇒ 갈래요
	받침 'ㄹ'일 때	살다 ⇒ 살래요

호앙 : 엥크 씨, 한국에서 놀이공원에 가 봤어요? 우리 오늘 갈래요?

엥크 : 좋아요. 저도 꼭 한번 가 보고 싶었어요. 지우 씨는요?

지우 : 저는 약속이 있어요. 다음에 갈래요.

연습 1 [보기]와 같이 알맞은 대답을 쓰십시오.

> **보기**
>
> 가 : 무슨 노래를 부를 거예요?
>
> 나 : (한국 노래 / 부르다) 한국말을 아니까 <u>한국 노래를 부를래요.</u>

(1) 가 : 서울까지 어떻게 갈 거예요?

　　나 : (지하철 / 타다) 지하철이 빠르니까 ＿＿＿＿＿＿＿＿＿＿.

(2) 가 : 무엇을 먹을 거예요?

　　나 : (아이스크림 / 먹다) 날씨가 더우니까 ＿＿＿＿＿＿＿＿＿.

연습 2 [보기]와 같이 알맞은 질문과 대답을 쓰십시오.

> **보기**
>
> 가 : (운동하다) 우리 같이 <u>운동할래요?</u>
>
> 나 : 아니요, 집에서 <u>쉴래요.</u>

(1) 가 : (치킨 / 먹다) ＿＿＿＿＿＿＿＿＿＿＿＿＿＿＿＿＿＿＿ ?

　　나 : 아니요, ＿＿＿＿＿＿＿＿＿＿＿＿＿＿＿＿＿＿＿＿＿ .

(2) 가 : (여행 / 가다) ＿＿＿＿＿＿＿＿＿＿＿＿＿＿＿＿＿＿＿ ?

　　나 : 네, ＿＿＿＿＿＿＿＿＿＿＿＿＿＿＿＿＿＿＿＿＿＿＿ .

(3) 가 : (영화 / 보다) ＿＿＿＿＿＿＿＿＿＿＿＿＿＿＿＿＿＿＿ ?

　　나 : 아니요, ＿＿＿＿＿＿＿＿＿＿＿＿＿＿＿＿＿＿＿＿＿ .

연습 3 다음을 알맞게 연결하고 말해 보십시오.

(으)니까		-을/ㄹ래요?
(1) 비가 많이 오다	•	• ⓐ 밖으로 나가다
(2) 한국어가 어렵다	•	• ⓑ 따뜻한 차를 마시다
(3) 사람이 많다	•	• ⓒ 함께 도서관에서 공부하다

듣기

새 단어  인터넷

문제 1 다음을 잘 듣고 질문에 알맞은 대답을 고르십시오. (   )

① 네, 맞아요.

② 아니요, 틀려요.

③ 네, 할 수 있어요.

④ 아니요, 아직은 안 해요.

문제 2 맞으면 ○, 틀리면 X 하십시오.

(1) 지우 씨는 중국 노래를 배우려고 합니다. ◎ ⊗

(2) 진웨이 씨는 오늘 노래방에 처음 왔습니다. ◎ ⊗

(3) 진웨이 씨는 한국 노래를 조금 부를 줄 압니다. ◎ ⊗

(4) 지우 씨는 한국 노래를 몇 곡 부를 수 있습니다. ◎ ⊗

읽기

※ 다음을 읽고 질문에 답하십시오.

한국에서는 아기가 한 살이 되면 생일잔치를 하는데, 그 생일잔치를 '돌' 또는 '돌잔치'라고 부릅니다. 돌잔치 때는 가족과 친척이 모여서 생일축하 노래를 부르고 선물을 주면서 아기의 생일을 축하합니다. 보통 돌 때는 아기에게 금반지를 생일 선물로 줍니다.

돌잔치에는 특별한 행사를 하는데 이것을 '돌잡이'라고 부릅니다. 아기는 상에 있는 물건 중에서 한 개를 고릅니다. 그러면 가족들은 아기가 고른 물건을 보고 아기의 미래를 생각해 봅니다. 실을 잡으면 그 아기는 오래 건강하게 삽니다. 돈을 잡으면 부자가 됩니다. 연필과 책을 잡으면 공부를 잘합니다. 요즘은 축구공, 컴퓨터 마우스도 상 위에 놓습니다.

돌잔치가 끝나면 아기의 부모는 손님들에게 감사의 선물로 떡을 줍니다. 그래서 돌잔치는 축하와 감사를 하는 날입니다. 여러분 나라에는 특별한 생일잔치가 있습니까?

잔치 / 친척 / 금 / 부자 / 행사 / 실 / 떡

문제 1 '돌'은 무엇입니까?

문제 2 다음 중 알맞은 것은 무엇입니까? (   )

① 아기가 고르는 물건이 아기의 직업입니다.
② 금반지를 선물하면 아기가 부자가 됩니다.
③ 돌잔치의 특별한 행사를 돌잡이라고 합니다.
④ 아기의 부모는 손님들에게 선물을 주지 않습니다.

51

 쓰기

※ 여러분 나라에는 어떤 잔치가 있습니까? 잔치의 내용을 간단히 써 봅시다.

1	잔치 이름	
2	언제	
3	어디에서	
4	무엇을	
5	왜	
6	어떻게	
7		
8		

※ 위에서 쓴 것을 보면서 여러분 나라의 특별한 잔치를 써 보십시오.

특별한 잔치

memo

5

LESSON

수영하는 것을 좋아해요

학습 목표   • 이유 표현   • 경험 말하기

문 법
1. N마다
2. V-은/ㄴ 지 N이/가 되다[지나다]
3. V-는 것을[걸] 좋아하다
4. A/V-기 때문에

무엇을 하고 있습니까?

여러분의 취미는 무엇입니까?

5

본문

정우 씨가 수영장에 가는데 엥크 씨를 만났습니다.

엥 크 : 정우 씨. 오랜만이에요.

정 우 : 네, 엥크 씨. 정말 오랜만이군요. 잘 지냈어요?

엥 크 : 네, 저는 아주 잘 지내요. 정우 씨는 요즘 어떻게 지내요?

정 우 : 저는 월, 수, 금요일마다 수영을 배워요. 수영을 배운 지 두 달이 되었어요.

엥 크 : 저도 수영하는 것을 아주 좋아하는데, 수영장이 어디에 있어요?

정 우 : 학교 근처에 스포츠 센터가 있는데 거기에 수영장도 있어요.

엥 크 : 와, 그런 곳이 있어요? 저도 한번 가 보고 싶어요.

정 우 : 그러면 곧 수업이 끝나니까 같이 갈래요?

엥 크 : 오늘은 갈 수 없어요. 숙제가 많기 때문에 숙제를 해야 해요. 다음에 같이 가요.

정 우 : 그러면 할 수 없군요. 다음에 같이 갑시다.

정우 씨는 언제 수영을 합니까?

엥크 씨는 무엇을 좋아합니까?

어휘와 표현

오랜만이다	그런	곧
-것	스포츠 센터	할 수 없다

1 오랜만이다 / 오랜만에

진웨이 씨, 오랜만이에요.
지은 씨를 오랜만에 만났어요.

2 곧

곧 방학인데 뭐 할 거예요?
곧 시험이 있어서 공부해야 해요.

3 그런 N / 이런 N / 저런 N

가 : 준코 씨 남자 친구는 매일 저녁에 전화를 해요.
나 : 저도 그런 남자친구를 만나고 싶어요.

가 : 호앙 씨, 집이 참 좋군요.
나 : 저도 이런 집에서 살고 싶어요.

가 : 저기 저 사람 좀 보세요. 정말 멋있지요?
나 : 네, 저도 저런 사람과 사귀고 싶어요.

4 할 수 없다

가 : 죄송해요. 오늘 일이 많아서 만날 수 없어요.
나 : 할 수 없지요. 다음에 만납시다.

 **문법**

1 N마다

저녁마다 한국어 공부를 해요.

주말마다 기숙사에서 청소를 해요.

아침마다 운동을 해요.

🙂 교실마다 컴퓨터가 있어요.
나라마다 문화가 달라요.

연습 1 [보기]와 같이 문형연습을 해 봅시다.

보기

날 / 수영

👉 날마다 수영을 해요.

(1) 주말 / 여행 👉 ....

(2) 금요일 / 춤 👉 ....

(3) 방학 / 고향 👉 ....

연습 2 [보기]와 같이 질문에 대답하십시오.

보기

가 : 주말에 무엇을 해요?

나 : 주말마다 등산을 가요.

(1) 가 : 주말에 무엇을 해요?

나 : ....

(2) 가 : 매일 기숙사에서 무엇을 해요?

나 : ....

(3) 가 : 부모님과 자주 전화해요?

나 : ....

② V-은/ㄴ 지 N이/가 되다[지나다]

한국에 온 지 세 달이 되었어요.
한국어를 배운 지 6개월이 되었어요.
고등학교를 졸업한 지 1년이 지났어요.

연습 1 [보기]와 같이 문형연습을 해 봅시다.

> **보기**
>
> 수영을 배우다 / 4개월
> ☞ 수영을 배운 지 4개월이 되었어요.

(1) 이 책을 읽다 / 한 달　☞　────────────────

(2) 한국에서 살다 / 2년　☞　────────────────

(3) 비가 안 오다 / 3개월　☞　────────────────

연습 2 [보기]와 같이 질문에 대답하십시오.

> **보기**
>
> 가 : 그 가방이 오래 되었어요?
> 나 : 네, 이 가방을 산 지 10년이 됐어요.

(1) 가 : 언제부터 영어를 배웠어요?

　　나 : ────────────────────────.

(2) 가 : 남자친구[여자친구]를 사귄지 얼마나 됐어요?

　　나 : ────────────────────────.

(3) 가 : 고향에 못 간 지 얼마나 됐어요?

　　나 : ────────────────────────.

3 V-는 것을[걸] 좋아하다

가 : 왕밍 씨는 주말에 뭐 해요?

나 : 저는 한국 드라마를 보는 것을 좋아해서 한국 드라마를 봐요.

가 : 이번 주말에 쇼핑하러 같이 갈래요?

나 : 와, 좋아요. 저는 쇼핑하는 걸 정말 좋아해요.

연습 1 [보기]와 같이 문형연습을 해 봅시다.

보기

농구하다

☞ 농구하는 것을 좋아해요.

(1) 음악을 듣다 ☞ _____

(2) 영화를 보다 ☞ _____

(3) 요리를 하다 ☞ _____

연습 2 [보기]와 같이 질문에 대답하십시오.

보기

가 : 주말에 보통 무엇을 해요?

나 : 저는 테니스 치는 것을 좋아해서 주말마다 테니스를 쳐요.

(1) 가 : 주말에 보통 무엇을 해요?

　　나 : _____ .

(2) 가 : 취미가 뭐예요?

　　나 : _____ .

(3) 가 : 무슨 운동을 좋아해요?

　　나 : _____ .

(4) 가 : 시간이 있으면 보통 무엇을 해요?

　　나 : _____ .

④ A/V-기 때문에

율리아 씨는 예쁘기 때문에 인기가 많아요.

오늘은 비가 오기 때문에 학교에 가기 싫어요.

연습 1 [보기]와 같이 문형연습을 해 봅시다.

> **보기**
>
> 문법이 어려워요. 그래서 공부를 더 해야 돼요.
>
> ☞ 문법이 어렵기 때문에 공부를 더 해야 돼요.

(1) 내일은 바빠요. 그래서 만날 수 없어요.

   ☞ _____ .

(2) 요즘 아침에는 추워요. 그래서 옷을 더 입고 가는 게 좋아요.

   ☞ _____ .

(3) 이 식당은 맛있어요. 그래서 사람이 많아요.

   ☞ _____ .

(4) 우리 형은 영화를 좋아해요. 그래서 극장에 자주 가요.

   ☞ _____ .

(5) 우리 형은 영화를 좋아했어요. 그래서 극장에 자주 갔어요.

   ☞ _____ .

연습 2 알맞은 것을 연결하여 문장을 완성하십시오.

(1) 가격이 너무 비싸요.   •   • 우산을 가지고 가야 해요.

(2) 밖에 비가 와요.   •   • 이야기하면 안 돼요.

(3) 교실에서 시험을 봐요. •   • 그 옷을 살 수 없어요.

(4) 학생증이 없어요.   •   • 따뜻한 옷을 입어야 해요.

(5) 날씨가 추워요.   •   • 도서관에서 책을 못 빌려요.

(1) 가격이 너무 비싸기 때문에 _____

(2) _____

(3) _____

(4) _____

(5) _____

듣기

문제 1 다음을 잘 듣고 질문에 알맞은 대답을 고르십시오. (　　)

① 시간이 있으면 수영을 합시다.

② 저는 수영하는 것을 좋아해요.

③ 진웨이 씨는 어떻게 지내요?

④ 시간이 있으면 텔레비전을 볼까요?

문제 2 다음을 잘 듣고 질문에 알맞은 대답을 고르십시오. (　　)

① 두 시에 공부해요.

② 두 시간쯤 공부해요.

③ 날마다 공부하고 싶어요.

④ 날마다 한국말을 공부했어요.

※【3~4】 다음을 잘 듣고 질문에 답하십시오.

문제 3 지은 씨의 취미가 <u>아닌 것</u>은 무엇입니까? (　　)

① 축구　　　　　② 농구　　　　　③ 수영　　　　　④ 등산

문제 4 들은 내용과 같은 것을 고르십시오. (　　)

① 호앙 씨는 농구를 못 합니다.

② 지은 씨는 주말에 테니스를 칩니다.

③ 지은 씨는 요즘 바빠서 운동을 안 합니다.

④ 지은 씨는 농구를 하는 것보다 보는 것을 더 좋아합니다.

읽기

※ 다음을 읽고 질문에 답하십시오.

> 정민 : 이거 누가 그린 거예요?
>
> 동욱 : 제가 그린 거예요. 그림 그리는 것이 취미예요.
>
> 정민 : 아주 잘 그리는군요.
>
> 동욱 : 아니에요. 그냥 시간이 나면 가끔 그려요. 정민 씨 취미는 뭐예요?
>
> 정민 : 사진 찍는 것을 아주 좋아해요. 시간이 나면 사진 찍으러 가는데 요즘은 일이 많기 때문에 자주 못 가요.
>
> 동욱 : 그렇군요. 정민 씨가 찍은 사진을 한번 보고 싶어요. 이번 주 일요일에 산에 가서 그림을 그리려고 하는데 같이 갈래요?
>
> 정민 : 네, 좋아요. 오랜만에 아름다운 경치를 많이 찍을 수 있겠군요.
>
>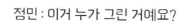
>
> 시간이 나다 / 경치

문제 1 위의 내용과 같은 것을 고르십시오. (   )

① 동욱 씨의 직업은 화가입니다.

② 두 사람은 주말마다 취미 생활을 합니다.

③ 두 사람은 일요일에 산에 가려고 합니다.

④ 정민 씨는 요즘 자주 사진을 찍으러 갑니다.

문제 2 두 사람은 산에서 무엇을 할 생각입니까? 쓰십시오.

쓰기

※ 여러분의 취미는 무엇입니까?

1	취미가 뭐예요?	
2	그 취미를 한 지 얼마나 되었어요?	
3	왜 그 취미가 좋아요?	
4	한국에서도 자주 해요?	
5	또 어떤 취미를 하고 싶어요?	
6		
7		
8		

※ 위에서 쓴 것을 보면서 여러분의 취미를 써 보십시오.

memo

6
LESSON

친구를 사귀거나
공부 모임을 만들어 보세요

여러분은 이번 주에 무엇을 합니까?

여러분의 이번 학기 계획은 무엇입니까?

본문

준코 씨와 지영 씨가 함께 이번 학기 계획을 이야기합니다.

지 영 : 준코 씨, 지금 뭐 하고 있어요?

준 코 : 이번 학기 계획을 세우고 있어요.

지 영 : 매일 도서관에서 공부만 하는군요.

준 코 : 1급은 어렵지 않았는데 2급은 너무 어려워요. 그래서 이번 학기에는 공부를 열심히 하려고 해요.

지 영 : 도서관에서 공부만 하면 한국어가 늘지 않아요. 도서관에 가는 대신에 다른 방법을 찾아보세요.

준 코 : 지영 씨가 생각하는 좋은 방법은 뭐예요?

지 영 : 한국 친구를 사귀거나 공부 모임을 만들어 보세요.

준 코 : 좋아요. 한국 친구를 사귀면 한국말도 많이 늘고 재미도 있을 거예요. 그런데 한국 친구를 어디서 사귈 수 있어요?

지 영 : 게시판에서 찾아보세요. 한국어 공부를 도와주면서 일본어를 배우려고 하는 친구가 있을 거예요.

준 코 : 네, 알겠어요.

> **준코 씨는 이번 학기에 무엇을 계획하고 있습니까?**

> **준코 씨는 어떻게 한국 친구를 만날 수 있습니까?**

어휘와 표현

계획	방법	게시판
늘다	사귀다	찾다
다른	모임	

1 **계획을 세우다 → 계획을 지키다**

계획을 세우는 것보다 지키는 것이 더 중요해요.

저는 이번 학기에 계획을 잘 세워서 열심히 공부하려고 합니다.

2 **N이/가 늘다**

한국에 와서 한국어가 많이 늘었어요.

운동을 안 해서 몸무게가 많이 늘었어요.

3 **다른 N ⇔ 같은 N**

저는 다른 나라에 가면 그 나라의 전통 음식을 먹어 봅니다.

가 : 이 옷이 좀 작아요. 다른 것으로 바꿔 주세요.

나 : 손님, 죄송합니다. 그것과 같은 옷은 지금 없습니다.

4 **방법**

가 : 라이언 씨, 이 사전 사용 방법을 알아요?

나 : 네, 제가 사용 방법을 가르쳐 드릴게요.

5 **(N에서) N을/를 찾다**

은행에서 돈을 찾았어요.

게시판에서 한국어 친구를 찾고 있어요.

69

 문법

1 N만 N만 아니면 다 좋다

가 : 현수 씨는 라면을 좋아하지요?

나 : 네, 일주일 동안 라면만 먹어도 맛있어요.

가 : 주말에 무엇을 할까요?

나 : 저는 등산만 아니면 다 좋아요.

연습 1 [보기]와 같이 질문에 대답하십시오.

> 가 : 살을 빼고 싶어요. 어떻게 해야 돼요?
> 나 : (운동) 운동만 열심히 하세요.

(1) 가 : 율리아 씨, 일요일에 뭐 했어요?

　　나 : (잠) _____ .

(2) 가 : 한국에서 여행은 많이 가 봤어요?

　　나 : (제주도) _____ .

(3) 가 : 선생님, 시험을 잘 보고 싶어요. 어떻게 하면 돼요?

　　나 : (책) _____ .

연습 2 [보기]와 같이 질문에 대답하십시오.

> 가 : 왕밍 씨는 어떤 영화를 좋아해요?
> 나 : (공포 영화) 공포 영화만 아니면 다 좋아요.

(1) 가 : 순스케 씨는 어떤 음식을 좋아해요?

　　나 : (매운 음식) _____ .

(2) 가 : 호앙 씨는 어떤 선물 받고 싶어요?

　　나 : (꽃) _____ .

(3) 가 : 율리아 씨는 뭐 마실래요?

　　나 : (커피) _____ .

2-1 V-는 대신(에)   N 대신(에)

가 : 율리아 씨, 오늘 시간이 있으면 저와 같이 영화를 볼래요?

나 : 영화 보는 대신에 쇼핑을 합시다.

가 : 진웨이 씨, 뭐 먹고 싶어요? 불고기 어때요?

나 : 불고기 대신 냉면을 먹읍시다.

연습 1 [보기]]와 같이 알맞은 질문을 만들어 보십시오.

> **보기**
>
> 가 : (도서관/집) 우리 도서관에 가는 대신에 집에 갈래요?
>
> 나 : 그래요, 오늘은 피곤하니까 집에 갑시다.

(1) 가 : (소주 / 맥주) _____?

  나 : 그래요, 오늘은 날씨가 더우니까 시원한 맥주를 마십시다.

(2) 가 : (공포 영화 / 코미디 영화) _____?

  나 : 그래요, 공포 영화는 무서우니까 코미디 영화를 봅시다.

(3) 가 : (지하철 / 택시) _____?

  나 : 그래요, 지하철에 사람이 많으니까 택시를 탑시다.

연습 2 [보기]]와 같이 다음을 알맞게 연결하고 써 보십시오.

> **보기**
>
> 구두 대신에 운동화를 살까요? 운동화가 편하니까요.

-대신(에)	-을/를까요?	-(으)니까요
[보기] 구두 •	㉠ 일본 •	ⓐ 아름답다
(1) 미국 •	㉡ 자장면 •	ⓑ 가깝다
(2) 서울 •	㉢ 운동화 •	ⓒ 안 맵다
(3) 짬뽕 •	㉣ 제주도 •	ⓓ 편하다

(1) _____.

(2) _____.

(3) _____.

2-2 A-은/ㄴ 대신(에)

가 : 이 옷이 어때요?

나 : 이 옷은 예쁜 대신에 비싸군요.

가 : 기숙사 생활이 어때요?

나 : 기숙사는 비싼 대신에 생활하기가 편해요.

연습 1 [보기]와 같이 문장을 만들어 보십시오.

그 일은 <u>힘든 대신(에)</u> 월급이 많아요.

(1) 그 사람은 키가 _____ 얼굴이 멋있지 않아요.

(2) 이 커피숍은 커피 값이 _____ 커피가 맛있어요.

(3) 한국어는 _____ 재미있어요.

(4) 제 남자친구는 키가 _____ 성격이 좋아요.

연습 2 [보기]와 같이 알맞은 대답을 써 보십시오.

가: 학교 식당은 어때요?

나: (싸다, 맛없다) <u>싼 대신에 맛이 없어요.</u>

(1) 가: 집에서 학교까지 너무 멀어서 힘들지요?

　　나: (멀다, 집값이 싸다) 맞아요. 하지만 _____ .

(2) 가: 오늘 날씨가 어때요?

　　나: (따뜻하다, 바람이 좀 불다) _____ .

(3) 가: 한국 음식이 어때요?

　　나: (맛있다, 조금 비싸다) _____ .

③ A/V-거나

가 : 라이언 씨, 어떤 여자 친구를 사귀고 싶어요?

나 : 예쁘거나 귀여운 여자가 좋아요.

가 : 왕밍 씨, 오늘 수업이 없는데 뭐 할까요?

나 : 쇼핑을 하거나 영화를 봅시다.

연습 1 [보기]와 같이 단어를 사용해서 문장을 만들어 보십시오.

> **보기**
>
> 걷다 / 뛰다
> ☞ 다이어트를 하려면 빨리 걷거나 뛰어 보세요.

(1) 책을 읽다 / 게임하다 ☞ 심심하니까 _____.

(2) 수영하다 / 요가하다 ☞ 다이어트를 하려면 _____.

(3) 영화보다 / 여행하다 ☞ 방학을 하면 _____.

연습 2 [보기]와 같이 질문에 대답하십시오.

> **보기**
>
> 가 : 주말에 보통 무엇을 해요?
> 나 : (쇼핑 / 친구) 쇼핑하거나 친구를 만나요.

(1) 가 : 감기에 걸렸는데 어떻게 해야 해요?

　　나 : (자다/쉬다) 약을 먹고 _____.

(2) 가 : 한국 음식이 어때요?

　　나 : (짜다/맵다) 맛은 있는데 _____.

(3) 가 : 부모님이 너무 보고 싶어요.

　　나 : (전화하다/사진을 보다) 그러면 _____.

(4) 가 : 토요일에 뭐 할 거예요?

　　나 : (친구/영화) _____.

(5) 가 : 내일 무슨 운동을 할 거예요?

　　나 : (축구/농구) _____.

듣기

 새 단어  중요하다 다이어리

문제 1 다음을 잘 듣고 질문에 알맞은 대답을 고르십시오. (   )

① 계획이 뭐지요?

② 네, 수영을 했어요.

③ 아니요, 안 할 거예요.

④ 수영하거나 탁구를 칠 거예요.

※【2~3】다음을 잘 듣고 알맞은 대답을 고르십시오.

문제 2 오늘 수업의 주제는 무엇입니까? (   )

① 계획 잘 지키기   ② 계획 잘 세우기

③ 나의 일주일 계획   ④ 좋은 다이어리 사기

문제 3 다음 중 맞는 것은 무엇입니까? (   )

① 계획은 매일 세웁니다.

② 가장 중요한 일만 씁니다.

③ 먼저 해야 할 일부터 씁니다.

④ 바쁘면 계획을 못 지킵니다.

 읽기

※ 다음을 읽고 질문에 답하십시오.

언어 교환 친구를 찾습니다!

안녕하세요? 저는 경기대학교 국제교육원에서 한국어를 공부하고 있는 준코라고 해요. 저는 21살이고 일본사람이에요. 저는 한국에 온 지 3개월이 되었어요. 도서관에서 혼자 열심히 공부하지만 한국어가 잘 늘지 않아요. 그래서 도서관에 가는 대신 언어 교환 친구을 만나서 공부하려고 해요. 저는 일본 사람이니까 일본어를 가르쳐 드릴게요. 저는 한국 드라마를 보거나 한국 영화를 보는 것을 좋아해요. 그리고 사진 찍는 것도 좋아해요. 그래서 저와 취미가 같은 사람을 만나고 싶어요.

저는 매일 오전에 한국어 수업이 있고, 오후에는 태권도 학원에 가거나 한국 요리를 배우고 있어서 시간이 많이 없어요. 그래서 수요일이나 금요일 오후에 만날 수 있는 친구를 찾고 있어요. 일본어를 배우고 싶은 학생 중에서 저에게 한국어를 가르쳐 줄 사람은 연락 주세요. 좋은 언어 교환 친구를 만나고 싶어요. 꼭 수요일이나 금요일에 만날 수 있어야 해요. 그럼 연락 기다릴게요.

준코: 010 -1234-5678

언어 / 교환(하다) / 연락(하다)

문제 1 준코는 왜 한국 친구를 만나고 싶어 합니까?

문제 2 준코가 만나고 싶은 친구는 어떤 친구입니까?

문제 3 다음 중 맞는 내용은 무엇입니까? (　　　)

① 준코는 오전에 보통 태권도를 하거나 한국 요리를 배웁니다.

② 준코는 언어교환 친구를 만나는 대신 일본어를 배우고 싶습니다.

③ 한국 친구를 만나서 한국어를 배우고 싶은 날은 수요일이나 금요일입니다.

④ 준코는 한국어 수업을 듣는 대신 언어 교환 친구를 만나서 공부하려고 합니다.

 쓰기

※ 여러분의 한국어 공부 계획을 써 봅시다.

1	2급 계획	
2	3급 계획	
3	4급 계획	
4	한국어 공부가 끝나고 뭐 할 거예요?	
5	꿈이 뭐예요?	

※ 위에서 쓴 것을 보면서 여러분의 한국어 공부 계획을 써 보십시오.

memo

LESSON
7

전화 바꿨습니다

사람들은 무엇을 하고 있습니까?

여러분은 한국 사람과 전화해 봤습니까? 무슨 이야기를 했습니까?

본문

호앙 씨가 전화를 합니다.

호 앙 : 여보세요. 거기 엥크 씨 집이지요?

여 자 : 누구요? 그런 사람은 없는데요. 몇 번에 거셨어요?

호 앙 : 거기 031) 205-1628번이 아닙니까?

여 자 : 아닌데요. 전화를 잘못 거셨네요. 여기는 205-2628번입니다.

호 앙 : 아, 죄송합니다.

호앙 씨가 다시 전화를 합니다.

호   앙 : 여보세요, 거기 205-1628번이지요?

아주머니 : 네, 그런데요.

호   앙 : 거기 엥크 씨 집이 맞습니까?

아주머니 : 네, 맞는데요. 누구세요?

호   앙 : 아주머니, 그동안 안녕하셨어요? 저 호앙이에요.

아주머니 : 오랜만이에요. 엥크 바꿔 줄게요. 잠깐만 기다려요.

엥   크 : 네, 전화 바꿨습니다.

호   앙 : 엥크 씨, 오늘 등산 가기로 한 거 잊지 않았지요?

엥   크 : 물론이지요. 10분 뒤에 정문 앞에서 만나요. 이따가 봐요. 끊어요.

호앙씨는 처음에 몇 번에 전화를 했습니까?

호앙씨는 엥크씨에게 왜 전화를 했습니까?

어휘와 표현

여보세요	걸다	잘못	맞다
바꾸다	잠깐	잊다	뒤
끊다	그동안	물론이다	

1 (N에) N을/를 걸다

가 : 어디에 전화를 걸어요?

나 : 호앙 씨에게 전화를 걸어요.

😊 벽에 사진을 걸어요.

😊 집에 돌아오면 먼저 옷을 옷걸이에 거세요.

2 N이/가 맞다

가 : 답이 3번이 맞아요?

나 : 네, 맞아요. 잘했어요.

가 : 거기가 진웨이 씨 집이 맞지요?

나 : 아닌데요. 몇 번에 거셨어요?

3 N을/를 N(으)로 바꾸다

이 바지를 치마로 바꿔 주세요.

책을 샀는데 다른 책으로 바꿀 수 있어요?

가: 호앙 씨를 바꿔 주세요.

나: 네, 호앙 씨를 바꿔 줄게요.

다: 전화 바꿨습니다. 저는 호앙입니다.

4 잠깐[잠깐만, 잠깐만요]

머리가 아파서 잠깐 잤어요.

잠깐만 기다리세요. 전화를 바꿔 드릴게요.

가 : 왜 아직 안 와요?

나 : 잠깐만요. 빨리 갈게요.

81

5 N을/를 잊다

앗, 숙제를 잊었어요.
약속을 잊지 마세요.
옛날 여자 친구를 아직 다 못 잊었어요.

6 뒤[후] ↔ 전

며칠 전에 시험을 봤어요.

가 : 한 시간 뒤에 명동에서 만납시다.
나 : 네, 한 시간 뒤에 봅시다.

	장소	시간
앞	○	X
뒤	○	○
전	X	○
후	X	○

7 N을/를 끊다

담배를 끊으세요.
술을 끊고 싶은데 잘 안돼요.
지금 전화를 끊었는데 또 전화가 왔어요.

8 물론이다

가 : 숙제 다 했어요?
나 : 물론이지요. 어제 다 했어요.

가 : 건강이 세상에서 제일 중요해요.
나 : 물론이에요. 그래서 저는 매일 운동을 하고 있어요.

문법

1 잘못 V

전화를 잘못 걸었어요.
호앙 씨 이름을 잘못 알았어요.
시험을 보는데 답을 잘못 썼어요.

연습 1   [보기]와 같이 문형연습을 해 봅시다.

보기

버스 / 타다 ☞ 버스를 잘못 탔어요.

(1) 버스 번호 / 보다   ☞ ....

(2) 날짜 / 알다   ☞ ....

(3) 전화번호 / 누르다   ☞ ....

연습 2   [보기]와 같이 '잘못 V'와 '잘 못 V'를 구별해서 선택해 봅시다.

보기

가 : 왜 술을 안 마셔요?
나 : 낮에 김밥을 (① 잘못 ② 잘 못) 먹어서 배가 아파요.
다 : 저는 술을 (① 잘못 ② 잘 못) 마셔요.

(1) 가 : 수업에 왜 늦었어요?
    나 : 교실을 (① 잘못 ② 잘 못) 알아서 늦었어요.

(2) 가 : 한국어를 할 줄 알아요?
    나 : 네, 할 줄 알지만 (① 잘못 ② 잘 못) 해요.

(3) 가 : 왜 그래요? 무슨 일이 있어요?
    나 : 주소를 (① 잘못 ② 잘 못) 써서 편지를 (① 잘못 ② 잘 못) 보냈어요.

(4) 가 : 수영을 잘해요?
    나 : 아니요, 수영을 좋아하지만 (① 잘못 ② 잘 못) 해요.

② A-은/ㄴ데요　V-는데요　N인데요

가 : 이 옷 어때요?

나 : 예쁜데요. 사세요.

가 : 거기 최수진 선생님 댁이지요?

나 : 맞는데요. 누구시죠?

가 : 누구세요?

나 : 저는 호앙 씨 친구인데요. 호앙 씨 있습니까?

연습 1　[보기]와 같이 질문에 대답하십시오.

> 보기
>
> 가 : 거기 호앙 씨 집 맞지요?
>
> 나 : (맞다) 맞는데요. 누구세요?

(1) 가 : 저 사람이 진웨이 씨예요?

　　나 : (아니다) _____.

(2) 가 : 거기가 212-6621번이지요?

　　나 : (잘못 걸다) _____.

(3) 가 : 누구세요?

　　나 : (준상) _____.

연습 2　[보기]와 같이 질문에 대답하십시오.

> 보기
>
> 가 : 이름이 뭐예요?
>
> 나 : 호앙이라고 하는데요.

(1) 가 : 언제부터 한국어를 배웠어요?

　　나 : _____.

(2) 가 : 실례지만, 누구세요?

　　나 : _____.

(3) 가 : 저 분이 김 선생님이세요?

　　나 : _____.

③ A/V-네요   N(이)네요

준코 씨가 음악을 듣네요!

여자친구가 아주 예쁘네요!

호앙 씨 집이 정말 머네요!

저기 꽃이네요!

연습 1 다음을 알맞게 연결하고 쓰십시오.

(1) 새 옷을 샀어요.   •   • ① 호앙 씨가 저기 가요!

(2) 호앙 씨 봤어요?   •   • ② 눈이 정말 많이 와요!

(3) 창밖을 보세요.   •   • ③ 컴퓨터가 참 좋아요!

(4) 날씨가 왜 이렇죠?   •   • ④ 옷이 정말 멋있어요!

(5) 이 컴퓨터를 사용하세요.•   • ⑤ 가을인데 너무 추워요!

(6) 저 사람이 누구지요?   •   • ⑥ 현수 씨예요!

---

(1) 옷이 정말 멋있네요!

(2) _____.

(3) _____.

(4) _____.

(5) _____.

(6) _____.

연습 2 [보기]와 같이 질문에 대답하십시오.

보기

가 : 이 영화 어때요?

나 : 영화가 너무 재미있네요.

(1) 가 : 이 남자가 제 남자 친구예요.

나 : _____.

(2) 가 : 제가 만든 옷인데 어때요?

나 : _____.

(3) 가 : 김치 맛이 어때요?

나 : _____.

(4) 가 : 요즘 날씨가 어때요?

나 : _____.

새 단어  말씀 전하다

문제 1 질문에 대한 대답으로 맞지 <u>않는</u> 것을 고르십시오. (　　　)

① 아닌데요.

② 전화 잘못 거셨습니다.

③ 맞는데요. 실례지만 누구세요?

④ 네, 맞습니다. 여기는 273-3849번입니다.

문제 2 다음을 잘 듣고 맞으면 ○, 틀리면 X 하십시오.

(1) 현수 씨가 전화를 받았습니다. ◎ ⊗

(2) 왕밍 씨는 내일 같이 여행을 갈 수 없습니다. ◎ ⊗

(3) 내일 여행에는 과자랑 돈이랑 여권이 필요합니다. ◎ ⊗

읽기

※ 다음을 읽고 질문에 답하십시오.

저는 한국어를 배우려고 도서관 인터넷 게시판에서 언어 교환 친구를 찾고 있었는데 그 친구들 중에서 저와 공부할 수 있는 시간이 비슷하고, 취미도 비슷한 친구가 두 명 있었어요. 한 명은 남학생이고 한 명은 여학생이에요. 저는 남학생은 조금 불편할 것 같아서 여학생과 언어 교환을 하기로 했어요. 지금 금요일 저녁마다 만나고 있는데 정말 재미있어요. 우리는 한 시간은 한국어, 한 시간은 일본어로 이야기하고 있어요.

준 코 : 어제 전화가 왔는데요. 모르는 사람한테 전화가 와서 그냥 끊었어요.

민 지 : 왜 그냥 끊었어요?

준 코 : 우리집에는 현수 씨가 살지 않는데 그 사람은 계속 현수를 찾았어요. '아닌데요, 없는데요.' 이렇게 말하니까 '현수 씨가 지금 없어요? 언제 와요?' 계속 질문을 했어요. 그래서 끊었어요. 내가 어떻게 말을 해야 해요?

민 지 : 잘못 건 전화를 받으면 '아닌데요, _____' 이렇게 말하면 돼요.

문제 1 _____ 에 들어갈 말은 무엇입니까?

....

문제 2 윗글의 내용과 다른 것을 고르십시오. (   )

① 언어 교환 친구와 취미가 비슷합니다.

② 준코 씨는 여학생과 같이 공부를 합니다.

③ 금요일 저녁마다 같이 공부를 하고 있습니다.

④ 언어 교환 친구와 한국어만 사용해서 이야기합니다.

 쓰기

※ 다음과 같은 상황에서 사용할 수 있는 전화 대화를 만들어 봅시다.

(1) 전화 바꾸기

가: _____

나: _____

가: _____

나: _____

(2) 잘못 건 전화

가: _____

나: _____

가: _____

나: _____

(3) 메모 전하기

가: _____

나: _____

가: _____

나: _____

memo

8

LESSON

지금 맛볼 수 있어요?

학습 목표 • 주관적 생각 표현 • 부탁하기

문 법
1. (훨씬) 더[덜]
2. 별로 안[못] A/V
3. A-은/ㄴ 것 같다   V-는 것 같다
   N인 것 같다   〈생각〉

여기는 어디입니까? 여기에서 무엇을 합니까?

여러분은 보통 어디에서 장을 봅니까?

본문

호앙 씨와 지영 씨가 마트에서 장을 봅니다.

지영 : 호앙 씨, 한국 요리를 할 줄 알아요?

호앙 : 아니요. 그래서 여기에서 친구들과 먹을 간식을 사면 좋겠어요.

지영 : 친구들이 한국 음식을 잘 먹어요?

호앙 : 네, 매운 음식도 잘 먹어요.

지영 : 그러면 떡볶이를 살까요?

호앙 : 좋은데요. 저기서 떡볶이를 파네요. 아주머니, 이 떡볶이 지금 맛볼 수 있어요?

점원 : 그럼요. 방금 만들어서 아주 맛있어요. 한번 드셔 보세요.

지영 : 별로 맵지 않고 맛있군요. 여기가 분식집보다 훨씬 더 맛있는 것 같아요.

호앙 : 그럼 이것으로 삽시다.

점원 : 몇 인분 싸 드릴까요?

호앙 : 5인분 싸 주세요. 많이 주세요.

점원 : 여기 있습니다. 모두 7,500원입니다. 계산은 저쪽에서 하세요.

호앙 : 네, 알겠습니다.

> 호앙 씨와 지영 씨는 지금 무엇을 하고 있습니까?

> 호앙 씨는 친구를 몇 명 초대했습니까?

어휘와 표현

장을 보다	-인분	맛보다
떡볶이	방금	간식
싸다	분식집	계산(하다)

1 방금

가 : 현수 씨, 언제 집에 왔어요?
나 : 방금 들어왔어요.

가 : 엥크 씨, 라이언 씨 어디 있어요?
나 : 방금까지 여기 있었는데요.

2 N을/를 싸다(포장하다)

피자를 포장해 주세요.

가 : 음식이 많이 남았으니까 싸 주세요.
나 : 네, 알겠습니다.

3 계산(하다)

저는 매일 저녁에 그날 쓴 돈을 계산해요.

가 : 여기요, 계산 좀 해주세요.
나 : 네, 모두 19,000원입니다.

4 맛보다

여기 사과 맛보세요. 아주 달고 맛있어요.

가 : 김치찌개를 만들었는데 맛 좀 볼래요?
나 : 와~ 정말 맛있어요.

93

문법

1 (훨씬) 더[덜]

가 : 준코 씨, 그 치마를 얼마에 샀어요?

나 : 동대문 시장에서 15,000원에 샀어요.

가 : 저는 학교 근처에서 20,000원에 샀는데, 학교 앞 옷가게가 동대문 시장보다 훨씬 더 비싸군요.

가 : 엥크 씨, 엥크 씨는 매운 음식을 잘 못 먹지요?

나 : 네, 저는 음식이 매우면 잘 못 먹어요.

가 : 그럼 이 비빔밥을 드세요. 이 비빔밥이 김치찌개보다 훨씬 덜 매우니까요.

연습 1 [보기]와 같이 알맞은 질문을 만드십시오.

> **보기**
>
> 가 : 수원에서 서울하고 부산 중에서 어디가 더 멀어요?
>
> 나 : (부산) 수원에서 부산이 서울보다 훨씬 더 멀어요.

(1) 가 : 서울하고 제주도 중에서 어디가 더 추워요?

　　나 : (서울) _____ .

(2) 가 : 한국하고 미국 중에서 어디가 물가가 더 비싸요?

　　나 : (미국) _____ .

(3) 가 : 여름에 산하고 바다 중에서 어디가 더 시원해요?

　　나 : (산) _____ .

연습 2 [보기]와 같이 알맞은 대답을 쓰십시오.

> **보기**
>
> 가 : 12월하고 1월 중에서 어느 달이 덜 추워요?
>
> 나 : 12월이 1월보다 덜 추워요.

(1) 가 : _____ ?

　　나 : 백두산이 한라산보다 더 높아요.

(2) 가 : _____ ?

　　나 : 사과가 귤보다 더 달아요.

(3) 가 : _____ ?

　　나 : 운동장이 도서관보다 더 사람이 많아요.

2 별로 안[못] A/V   별로 A/V-지 않다[못하다]

가 : 같이 밥 먹으러 갈래요?

나 : 저는 배가 별로 안 고파요.

가 : 테니스를 잘 쳐요?

나 : 저는 테니스를 별로 잘 치지 못해요.

연습 1 [보기]와 같이 문형연습을 해 봅시다.

> **보기**
> 배고프다
> ☞ 배가 별로 안 고파요.
>   배가 별로 고프지 않아요.

(1) 기분이 좋다

☞ _____ .

_____ .

(2) 노래를 잘하다

☞ _____ .

_____ .

(3) 피곤하다

☞ _____ .

_____ .

연습 2 [보기]와 같이 친구에게 묻고 써 봅시다.

> **보기**
> 가 : 김치를 좋아해요?
> 나 : 네, 김치를 아주 좋아해요.
>   아니요, 김치를 별로 좋아하지 않아요.

질문	대답
(1) 학교 식당은 맛있어요?	
(2) 밤에 잘 잤어요?	
(3) 춤을 잘 춰요?	
(4) 책 읽는 것을 좋아해요?	
(5) 한국에서 사는 것이 편해요?	

3 A-은/ㄴ 것 같다   V-는 것 같다   N인 것 같다   〈생각〉

A-은 것 같다	받침이 있을 때	작다 ⇒ 작은 것 같다
A-ㄴ 것 같다	받침이 없을 때 받침이 'ㄹ'일 때	크다 ⇒ 큰 것 같다 길다 ⇒ 긴 것 같다
A-는 것 같다	'있다', '없다'의 형용사	맛있다 ⇒ 맛있는 것 같다 재미없다 ⇒ 재미없는 것 같다

가 : 준코 씨, 이 옷 어때요? 저한테 좀 큰 것 같지요?

나 : 네, 지우 씨에게 조금 큰 것 같아요. 다른 옷을 입어 보세요.

가 : 어? 무슨 소리예요?

나 : 지금 밖에 비가 오는 것 같아요.

연습 1 문형 연습을 해 봅시다.

형용사(A)		동사(V)		명사(N)	
많다		읽다		학생	
싸다		마시다		선생님	
멋있다	☞	잡다	☞	책	☞
시끄럽다		듣다		시계	
멀다		만들다		물	

연습 2 [보기]와 같이 알맞은 대답을 쓰십시오.

> **보기**
>
> 가 : 엥크 씨, 오늘 날씨가 어때요?
>
> 나 : (춥다) <u>어제보다 추운 것 같아요</u>.

(1) 가 : 준코 씨, 이 옷 어때요?

　　나 : (예쁘다) _____.

(2) 가 : 이 식당 음식이 어때요?

　　나 : (맛있다) _____.

(3) 가 : 호앙 씨가 전화를 안 받아요.

　　나 : (자다) _____.

듣기

새 단어 잘 어울리다

문제 1 다음을 잘 듣고 질문에 알맞은 대답을 고르십시오. (　　　)

① 네, 먹어 봤어요.

② 네, 안 먹을 거예요.

③ 네, 별로 안 먹고 싶어요.

④ 네, 별로 안 맵고 맛있는 것 같아요.

문제 2 다음 대화를 잘 듣고 맞으면 ○, 틀리면 X를 하십시오.

(1) 두 사람은 지금 옷 가게에 있습니다. ◎ ⊗

(2) 엥크 씨가 처음 입은 바지는 좀 작습니다. ◎ ⊗

(3) 현수 씨는 엥크 씨보다 큰 바지를 샀습니다 ◎ ⊗

(4) 엥크 씨가 산 바지는 조금 크지만 훨씬 멋있습니다. ◎ ⊗

읽기

※ 다음 글을 읽고 질문에 답하십시오.

 안녕하세요? 경기 마트에 오신 여러분!

지금부터 과일 세일을 시작합니다. 장을 보시면서 맛있는 사과 한번 구경해 보세요.

쌉니다, 싸요! 맛있는 사과가 1개에 1,000원, 6개에 5,000원입니다. 어서 오세요. 여기 오셔서 사과 맛 좀 보세요. 사과가 아주 달고 맛있습니다.

마트 문을 닫기 5분 전 마지막 세일입니다. 경기 마트가 다른 마트보다 훨씬 더 싸니까 빨리 오셔서 사 가세요.

세일(하다) / 마지막

문제 1 다음 중 맞는 것을 고르십시오 (   )

① 경기 마트는 곧 문을 닫습니다.

② 경기 마트에서 사과를 먹어 볼 수 없습니다.

③ 다른 마트가 경기 마트보다 훨씬 더 쌉니다.

④ 사과가 너무 많아서 세일을 하고 있습니다.

문제 2 이 사과는 6개에 얼마입니까? 쓰십시오.

....

말하기

※ 장을 보러 시장에 가 봤어요? 여러분은 한국에서 시장에 가면 보통 어떤 물건을 삽니까?

....

....

 # 쓰기

※ 여러분은 한국의 시장에 가 봤습니까? 여러분 고향의 시장과 한국의 시장은 무엇이 비슷하고 무엇이 다릅니까?

9

LESSON

술을 적당히 드시도록 하세요

학습 목표 •상태 표현 •권유하기

문 법 1. 'ㅎ' 불규칙 활용
2. (점점) A-아/어지다
3. V-도록 하다   V-지 않도록[말도록]하다

여러분은 술을 마셔 봤습니까?

술을 마시면 얼굴이나 기분이 어떻게 변합니까?

본문

술집에서 여러 사람들이 즐겁게 술을 마시고 있는데 호앙 씨가 들어옵니다.

왕 밍 : 호앙 씨, 여기예요!

호 앙 : 늦어서 죄송해요. 그런데 다들 얼굴이 빨개졌어요.

왕 밍 : 호앙 씨를 기다리면서 조금만 마시기로 했는데 많이 마셨네요.

선생님 : 호앙 씨도 앉아서 술을 받으세요. 한국에서 술은 두 손으로 받아야 해요. 그리고 어른의 반대쪽을 보고 마셔요. 술을 다 마시기 전에 술을 더 따르지 않아요.

준 코 : 와, 일본은 술을 다 마시기 전에 잘 보고 따라 줘야 하는데, 일본과 다르군요!

왕 밍 : 중국에서는 건배 후에는 꼭 술을 다 마셔야 해요. 술이 남으면 안 돼요.

호 앙 : 베트남에서는 여자들이 술을 잘 마시지 않아요. 그래서 처음 술집에 가서 한국 여자들이 술을 잘 마시는 것을 보고 좀 놀랐어요.

율리아 : 러시아 사람들은 남자, 여자 모두 술을 잘 마셔요. 술을 좋아하고 같이 마시면 진짜 친구가 돼요.

선생님 : 그건 한국과 비슷하군요. 나라마다 술 문화가 다 다르지만 꼭 지켜야 할 것이 있어요.

모 두 : 뭔데요?

선생님 : 술을 적당히 드시도록 하세요.

호앙 씨는 처음 한국의 술집에서 무슨 생각을 했습니까?

한국에서 술을 마시면 무엇을 지켜야 합니까?

어휘와 표현

다들	건배	반대쪽	따르다
빨갛다	어른	남다	적당히
술	지키다	놀라다	

1 술

가 : 무슨 술을 잘 마셔요?

나 : 저는 술을 잘 못 마셔요. 맥주만 조금 마실 수 있어요.

가 : 한국 사람들이 제일 좋아하는 술은 뭐예요?

나 : 한국 사람들은 소주를 제일 좋아하는 것 같아요.

2 N이/가 남다

컵에 물이 남았어요.

시간이 남으면 산책을 좀 할까요?

3 적당히

밥을 적당히 드세요.

적당히 운동하면 건강에 좋습니다.

4 단위

제 동생은 우유 1000ml를 한 번에 다 마셔요.

제 몸무게는 75kg입니다.

길이		부피		무게	
mm	밀리미터	cc	씨씨	mg	밀리그램
cm	센티미터	ml	밀리리터	g	그램
m	미터	l	리터	kg	킬로그램
km	킬로미터	kl	킬로리터	t	톤

 문법

① 'ㅎ' 불규칙 활용

가을 하늘은 파래요.

노란 치마를 샀어요.

술을 마셔서 얼굴이 빨개요.

좋다	+아/어	좋다 + 아요 ⇒ 좋아요
	+(으)	좋다 + 은/ㄴ ⇒ 좋은
빨갛다	+아/어	빨갛다 + 어요 ⇒ 빨개요
	+(으)	빨갛다 + 은/ㄴ ⇒ 빨간

연습 1 문형연습을 해 봅시다.

형용사(A)	-ㅂ/습니다	-고	-은/ㄴ	-아/어요	-(으)니까
빨갛다					
노랗다					
파랗다					
까맣다					
하얗다					
이렇다					
그렇다					
저렇다					
어떻다					
* 좋다					

연습 2 [보기]와 같이 대화를 만들어 보십시오.

> **보기**
>
> 가 : (어떻다) 어제 본 영화가 어땠어요?
> 나 : (좋다) 아주 좋았어요.

(1) 가 : (어떻다) 하늘이 _____ ?

　　나 : (파랗다) _____ .

(2) 가 : (어떻다) 얼굴색이 _____ ?

　　나 : (하얗다) _____ .

(3) 가 : (어떻다) 떡볶이 색이 _____ ?

　　나 : (빨갛다) _____ .

연습 3 [보기]와 같이 대화를 만들어 보십시오.

> **보기**
>
> 가 : 어제 원피스를 샀는데 어때요?
> 나 : 와, 잘 샀군요. 하얀색이 아주 예뻐요.

(1) 가 : (어떻다) _____ 사과가 맛있어요?

　　나 : (빨갛다) _____ .

(2) 가 : 가을 하늘이 어때요?

　　나 : 아주 _____ .

(3) 가 : 몸이 좀 아파서 집에 가고 싶어요.

　　나 : 얼굴이 _____ . 집에 가서 쉬세요.

② (점점) A-아/어지다

날씨가 많이 따뜻해졌어요.

준코 씨가 요즘 예뻐졌어요.

라이언 씨가 더 멋있어졌어요.

호앙 씨의 건강이 점점 좋아지고 있어요.

연습 1 [보기]와 같이 질문에 대답하십시오.

> 가 : 요즘 물가가 어때요?
>
> 나 : (비싸다) 물가가 점점 비싸져요.

(1) 가 : 요즘 한국어 공부가 어때요?

　나 : (재미있다) _____.

(2) 가 : 요즘 날씨가 어때요?

　나 : (덥다) _____.

(3) 가 : 요즘 건강이 어때요?

　나 : (좋다) _____.

연습 2 [보기]와 같이 질문에 대답하십시오.

> 가 : 요즘 날씨가 어때요?
>
> 나 : 겨울이 되어서 추워졌어요.

(1) 가 : 요즘 텔레비전 가격이 어때요?

　나 : (세일을 하다/싸다) _____.

(2) 가 : 요즘 민수 씨가 어때요?

　나 : (멋있다) _____.

(3) 가 : 청소를 하니까 어때요?

　나 : (깨끗하다) _____.

③ V-도록 하다
V-지 않도록[말도록] 하다

내일부터 일찍 오도록 하세요.

숙제를 열심히 하도록 하세요.

수업 시간에 자지 않도록 합시다.

연습 1 [보기]와 같이 문형연습을 해 봅시다.

> **보기**
>
> 집에 가서 매일 복습하세요.
>
> ☞ 집에 가서 매일 복습하도록 하세요.

(1) 아프면 집에서 쉬세요.

   ☞ ....

(2) 오전 9시까지 오세요.

   ☞ ....

(3) 여행을 가면 여권을 항상 가지고 다니세요.

   ☞ ....

(4) 시험 시간에 늦지 마세요.

   ☞ ....

(5) 수업 시간에 이야기하지 마세요.

   ☞ ....

연습 2 [보기]와 같이 우리 반에 필요한 규칙을 써 봅시다.

> **보기**
>
> 학교에 일찍 오도록 합시다.

(1) ....

(2) ....

(3) ....

(4) ....

듣기

새 단어 외우다

문제 1   다음을 잘 듣고 <u>틀린</u> 대화를 고르십시오. (   )

　　　　　　　　① 　　　　　　② 　　　　　　③ 　　　　　　④

읽기

※ 다음 글을 읽고 질문에 답하십시오.

우리 가족은 요즘 스트레스가 많습니다. 모두 이야기도 잘하지 않고 잘 웃지도 않습니다. 그래서 참 걱정입니다.

저는 시험이 있어서 스트레스가 많습니다. 대학교 4학년이니까 곧 졸업을 해야 합니다. 졸업을 하려면 졸업 시험을 봐야 하는데 우리 학교는 시험이 너무 어려워서 졸업을 못 하는 사람이 아주 많습니다. 열심히 공부하고 있지만 스트레스를 많이 받아서 머리가 자주 아픕니다.

언니는 아직 취직을 못해서 스트레스를 많이 받습니다. 대학교를 졸업을 한 지 2년이 지났지만 아직 취직을 못했습니다. 또 언니는 스트레스를 받기 때문에 많이 먹어서 뚱뚱해졌습니다.

아빠는 회사 일이 많아서 스트레스를 받습니다. 그래서 매일 술을 마시고 집에 들어오십니다. 엄마는 아빠가 매일 술을 마시기 때문에 스트레스를 받습니다.

우리 가족은 어떻게 해야 할까요?

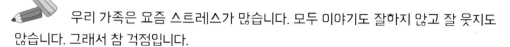

스트레스 / 걱정이다 / 졸업하다 / 취직하다

문제 1 요즘 이 가족은 어떻습니까?

....

....

문제 2 이 가족은 어떻게 해야 할까요? 가족들이 스트레스를 받는 이유를 쓰세요. 그리고 어떻게 하는 것이 좋을까요? 이야기해 주세요.

	이유	어떻게 할까요?
나	시험이 있어서	공부를 더 열심히 하도록 하세요.
언니		
아빠		
엄마		

 **쓰기**

※ 여러분은 요즘 스트레스를 받는 일이 있어요? 왜 스트레스를 받아요? 어떻게 하면 기분이 좋아져요? 아래에 써 보십시오.

언제 스트레스를 가장 많이 받아요?	
스트레스를 받으면 기분이 어때요?	
어떻게 스트레스를 풀어요?	

※ 위의 내용을 정리하여 써 보십시오.

memo

10

LESSON

운동이 건강에 가장 좋아요

여러분은 어떤 운동을 좋아합니까?

건강해지려면 어떻게 해야 합니까?

본문

정우 씨와 라이언 씨가 운동에 대해서 이야기를 합니다.

정　우 : 라이언 씨, 헬스클럽에 처음 와 봤지요?

라이언 : 네, 여기에는 여러 가지 운동 기구가 많네요.

정　우 : 네, 맞아요. 또 헬스클럽은 겨울에도 운동을 할 수 있어서 참 좋아요.

라이언 : 정우 씨는 언제부터 이 헬스클럽에서 운동을 하기 시작했어요?

정　우 : 6개월 전부터 운동하기 시작했어요.

라이언 : 그럼 얼마나 자주 운동을 해요?

정　우 : 바빠서 자주 못 하지만 일주일에 두세 번은 해요.

라이언 : 저는 한국에 와서 운동을 못 했어요. 그래서 요즘 점점 살이 쪄요.

정　우 : 그래요?　그럼 라이언 씨도 저와 같이 이 헬스클럽에서 운동을 합시다. 운동
　　　　이 건강에 가장 좋으니까요.

라이언 : 외국 사람도 등록할 수 있어요?

정　우 : 물론이지요. 등록하면 여러 가지 운동을 배울 수 있어요.

라이언 : 와, 아주 좋군요. 저도 오늘 이 헬스클럽에 등록할래요.

정　우 : 우리 열심히 운동을 해서 멋있는 몸매를 만듭시다.

> 라이언 씨는 왜 운동을 하려고 합니까?

> 이 헬스클럽에 등록하면 무엇을 할 수 있습니까?

어휘와 표현

헬스클럽	여러 가지	살이 찌다
-번	자주	몸매
등록하다	-기구	점점

1 가끔 – 자주 – 항상

고향 친구들을 자주 만납니다. 친구들을 만나면 기분이 좋으니까요.
방학 동안에는 항상 운동을 했는데 지금은 시간이 없어서 가끔 합니다.

2 여러 가지

마트에서는 여러 가지 음식을 맛볼 수 있습니다.
꽃 축제에 가면 여러 가지 꽃을 볼 수 있지요.

3 N 번

가 : 이 약은 하루에 몇 번 먹으면 돼요?
나 : 하루에 세 번, 식사 후에 드시면 됩니다.

4 N에 등록하다

운동을 하고 싶어서 헬스클럽에 등록했어요.
이번 학기에는 몸이 좀 아파서 등록하지 않았어요.

5 살이 찌다 ⇔ 살이 빠지다 / 살을 빼다 ⇔ 살을 찌우다

가 : 요즘 많이 먹어서 살이 쪘어요.
나 : 운동을 좀 하세요. 그럼 살이 빠질 거예요.

6 N 기구 → 운동 기구, 놀이 기구

놀이공원에서 놀이 기구를 타고 놀았어요.
헬스클럽에는 여러 가지 운동 기구가 있어서 재미있게 운동할 수 있어요.

 **문법**

1 N이/가 N에 좋다[나쁘다]
   N이/가 N에게[한테] 좋다[나쁘다]

가 : 감기에 걸려서 목이 너무 아파요.
나 : 따뜻한 물이 감기에 좋으니까 자주 드세요.

가 : 어떤 운동이 건강에 좋아요?
나 : 걷는 운동이 건강에 좋아요.

연습 1   [보기]와 같이 문형을 연습해 봅시다.

 보기
이 책 / 한국어를 공부하다 / 학생
☞ 이 책이 한국어를 공부하는 학생에게 좋아요.

(1) 수영 / 살을 빼다 / 사람 ☞ _____.
(2) 차 / 말을 많이 하다 / 선생님 ☞ _____.
(3) 이 사전 / 영어를 배우다 / 학생 ☞ _____.

연습 2   [보기]와 같이 알맞은 대답을 쓰십시오.

 보기
가 : 배가 아픈데 어떻게 해야 해요?
나 : 이 약을 드셔 보세요. 이 약이 배가 아픈 사람에게 좋아요.

(1) 가 : 요즘 말을 많이 해서 목이 아픈데 어떻게 해야 해요?
   나 : 이 차를 드셔 보세요. 이 차가 _____.

(2) 가 : 많이 걸어서 발이 아픈데 어떻게 해야 해요?
   나 : 이 신발을 신어 보세요. 이 신발이 _____.

(3) 가 : 아이들이 키가 크려면 어떻게 해야 해요?
   나 : 우유를 많이 마셔야 해요. 우유가 _____.

② (N부터) V-기 시작하다

저는 지난주부터 헬스클럽에서 운동을 하기 시작했어요.

가 : 준코 씨, 수업에 늦었어요. 빨리 학교에 가야 해요.
나 : 방금 먹기 시작했어요. 조금만 더 먹을게요.

연습 1 [보기]와 같이 알맞은 대답을 쓰십시오.

보기

가 : 준코 씨, 요즘 좀 뚱뚱해진 것 같아요.
나 : 그래서 살을 빼기 시작했어요.

(1) 가 : 다 썼지요? 빨리 주세요.

　　나 : 선생님, 잠깐만요. 조금 전부터 (쓰다) _____.

(2) 가 : 언제부터 한국어를 공부했어요?

　　나 : (6개월 전, 공부하다) _____.

(3) 가 : 언제부터 한국에서 살았어요?

　　나 : _____.

연습 2 다음을 알맞게 연결하고 [보기]와 같이 써 보십시오.

-아/어서	-기 시작하다
[보기] 건강이 나빠지다	길이 막히다
(1) 밥을 조금 먹다	노래를 부르다
(2) 차가 많다	운동을 하다
(3) 기분이 좋다	음식을 준비하다
(4) 손님들을 초대하다	배가 고파지다
(5) 다음 주에 시험이 있다	열심히 공부하다

보기

건강이 나빠져서 운동을 하기 시작했어요.

(1) _____
(2) _____
(3) _____
(4) _____
(5) _____

3 얼마나 자주 -?
N에 N 번

가 : 슌스케 씨는 얼마나 자주 빨래를 해요?
나 : 저는 일주일에 한 번 빨래를 해요.

가 : 진웨이 씨는 얼마나 자주 영화를 봐요?
나 : 저는 한 달에 한 번 영화를 봐요.

연습 1 [보기]와 같이 질문에 대답하십시오.

> **보기**
> 가 : 라이언 씨, 얼마나 자주 샤워해요?
> 나 : (하루, 한 번) <u>하루에 한 번 해요.</u>

(1) 가 : 준코 씨, 얼마나 자주 장을 봐요?
　　나 : (일주일, 두 번) ....

(2) 가 : 호앙 씨, 얼마나 자주 여행을 가요?
　　나 : (일 년, 세 번) ....

(3) 가 : 엥크 씨, 얼마나 자주 머리를 잘라요?
　　나 : (한 달, 한 번) ....

연습 2 다음 표를 보면서 친구와 함께 이야기해 봅시다.

> **보기**
> 가 : 얼마나 자주 운동을 해요?
> 나 : 요즘 좀 바빠서 가끔 운동을 해요.

	가끔	자주	항상
쇼핑하다			
술을 마시다			
고기를 먹다			
부모님께 전화하다			

듣기

새 단어  콜록 콜록 담배를 끊다 사탕

문제 1 다음을 잘 듣고 질문에 알맞은 대답을 고르십시오. (   )

① 선생님께 드려요.

② 아이들에게 좋아요.

③ 그 음식은 중요해요.

④ 준코 씨에게만 드려요.

문제 2 다음 중 틀린 것을 고르십시오. (   )

① 담배 대신에 물을 마시는 것이 좋습니다.

② 슌스케 씨는 쉬는 시간마다 담배를 피웁니다.

③ 슌스케 씨는 담배를 많이 피워서 목이 아픕니다.

④ 담배 대신에 사탕을 많이 먹으면 건강에 좋습니다.

읽기

※ 다음을 읽고 질문에 답하십시오.

한국에서는 몸매가 좋은 사람을 '몸짱'이라고 부릅니다. 그래서 한국에서는 운동과 다이어트가 유행입니다.

회사 일이 끝난 후에 회사 사람들과 밥을 먹는 사람들보다 헬스클럽에 가는 사람들이 훨씬 더 많습니다. 건강을 지키려고 운동을 하는 사람들도 있지만 아름다운 몸매를 만들고 싶어서 운동을 하는 사람들도 많이 있습니다. 하지만 가끔 심하게 다이어트를 하기 때문에 건강이 나빠져서 병원에 가는 사람도 있습니다. 그래서 '몸짱' 유행이 모두 좋은 것은 아닙니다.

아름다운 몸매를 만들려면 밥도 적당히 먹고 운동도 적당히 해야 합니다. 심한 운동과 다이어트를 계속 하면 '몸짱'이 아니라 '몸꽝'이 될 수도 있습니다.

다이어트 / 유행 / 심하다 / 몸매

문제 1 윗글의 내용과 <u>다른</u> 것을 고르십시오. (   )

① 몸매가 좋은 사람을 몸짱이라고 부릅니다.

② 심하게 다이어트를 하면 건강이 나빠질 수 있습니다.

③ 아름다운 몸매를 만들고 싶어서 운동을 하는 사람도 있습니다.

④ 헬스클럽에 가는 사람보다 사람들과 밥을 먹는 사람이 더 많습니다.

문제 2 건강하고 아름다운 몸매는 어떻게 만듭니까? 위에서 찾아서 쓰십시오.

 쓰기

※ 여러분은 건강에 좋은 습관을 가지고 있습니까? 또 건강에 나쁜 습관이 있습니까? 건강해지려면 어떤 습관을 가져야 합니까?

1	건강에 좋은 습관	
2	건강에 나쁜 습관	
3	건강해지려면 어떤 습관을 가져야 해요?	

※ 위에서 쓴 것을 보면서 건강에 좋은 습관에 대해서 써 보십시오.

121

11
LESSON

그냥 예쁘게 잘라 주세요

• 비유 표현 • 묘사하기

1. A-게
2. A-아/어 보이다
3. N처럼[같이]

한국에서 미용실에 가 보았습니까?

미용실에 가서 어떻게 말해야 합니까?

본문

율리아가 미용실에 들어갑니다.

미용사 : 어서 오세요. 머리를 어떻게 하시겠어요?

율리아 : 머리가 길어서 좀 다듬으려고 하는데요.

미용사 : 먼저 옷을 벗어서 저에게 주시고 이쪽에 앉으세요.
　　　　비슷하게 하고 싶은 연예인이나 스타일이 있으세요?

율리아 : 아니요, 없어요. 그냥 예쁘게 잘라 주세요.

미용사 : 그럼 짧게 자르면 훨씬 보기 좋으실 거예요.

율리아 : 그래요?　알아서 해 주세요.

잠시 후

율리아 : 이거 너무 짧은 것 같은데요. 남자처럼 보여요.

미용사 : 아니에요. 훨씬 귀여워 보여요.

율리아 : 그래요?　얼마예요?

미용사 : 이만 원입니다. 감사합니다. 안녕히 가세요.

율리아 씨는 머리를 어떻게 잘랐습니까?

율리아 씨는 어때 보여요?

 어휘와 표현

머리를 하다	스타일	보기 좋다	보이다
다듬다	연예인	자르다	알아서

1 N을/를 다듬다

손톱을 예쁘게 다듬었어요.
미용실에서 머리를 다듬었어요.

2 보기 좋다

두 사람이 사랑하는 모습이 보기가 좋아요.
오늘 준코 씨가 새 옷을 입었는데 보기 좋아요.

3 N을/를 자르다

머리를 자르고 싶어요.
가위로 종이를 잘랐어요.

4 N이/가 보이다

집에서 학교가 보입니다.
창문 밖에 하늘이 보여요.

가 : 뒤에서 칠판이 잘 보입니까?
나 : 네, 잘 보여요.

5 알아서

가 : 뭘 주문할까요?
나 : 호앙 씨가 알아서 주문하세요. 저는 다 좋아요.

가 : 이건 어떻게 할까요?
나 : 알아서 하세요.

 문법

1 A-게

지우 씨는 옷을 싸게 샀어요.
맛있게 드시고, 재미있게 노세요.
요즘 저는 너무 바쁘게 지내고 있어요.

연습 1 [보기]와 같이 질문에 대답하십시오.

> **보기**
> 가 : 옷이 아주 예쁘군요. 비싸지요?
> 나 : (싸다) 아니요, 아주 싸게 샀어요.

(1) 가 : 오랜만이에요. 그동안 어떻게 지냈어요?

　나 : (바쁘다) _____ .

(2) 가 : 어제 영화 봤지요? 어땠어요?

　나 : (재미있다) _____ .

(3) 가 : 우리 집에서 지내기가 불편했지요?

　나 : (편하다) 아니에요. _____ .

연습 2 [보기]와 같이 대화를 만들어 보십시오.

> **보기**
> 가 : 결혼을 축하합니다.
> 나 : 감사합니다. 행복하게 살겠습니다.

(1) 가 : 라이언 씨는 항상 머리가 짧군요.

　나 : 저는 짧은 머리가 좋아서 _____ .

(2) 가 : 호앙 씨 목소리가 너무 작아서 잘 들을 수 없어요.

　나 : 죄송해요. _____ .

(3) 가 : 오늘은 날씨가 추우니까 _____ .

　나 : 네, 추운 날씨에는 따뜻한 옷을 입어야 해요.

126

② A-아/어 보이다

-아 보이다	ㅏ.ㅗ일 때	밝다 ⇒ 밝아 보이다
-어 보이다	ㅏ.ㅗ 아닐 때	멋있다 ⇒ 멋있어 보이다
-해 보이다	'하다'일 때	날씬하다 ⇒ 날씬해 보이다

불고기가 참 맛있어 보여요.

요즘 진웨이 씨가 너무 멋있어 보여요.

그 옷을 입으니까 아주 날씬해 보여요.

그 시계는 아주 비싸 보이는데요. 얼마예요?

연습 1 [보기]와 같이 대화를 만들어 보십시오.

> **보기**
>
> 가 : 기분이 좋아 보이는군요.
>
> 나 : 네, 시험을 잘 봐서 기분이 좋아요.

(1) 가 : (예쁘다) _____ .

　　나 : 네, 어제 백화점에서 샀는데 정말 예쁘지요?

(2) 가 : (피곤하다) _____ .

　　나 : 네, 등산을 갔다 와서 너무 피곤해요.

(3) 가 : (따뜻하다) _____ .

　　나 : 오늘 추워서 옷을 많이 입었어요.

연습 2 [보기]와 같이 문장을 만들어 보십시오.

> **보기**
>
> 신발/키가 크다 ☞ 신발을 신으니까 키가 커 보여요.

(1) 청바지 / 날씬하다 ☞ _____ .

(2) 모자 / 멋있다 ☞ _____ .

(3) 머리 / 귀엽다 ☞ _____ .

3 N처럼[같이]

지우 씨는 인형처럼 예뻐요.

라이언 씨는 가수처럼 노래를 잘해요.

진웨이 씨는 모델같이 키가 큽니다.

연습 1 [보기]와 같이 문형연습을 해 봅시다.

> **보기**
> 농구선수
> ☞ 농구선수처럼 키가 커요.

(1) 돼지 ☞ _____

(2) 천사 ☞ _____

(3) 호랑이 ☞ _____

(4) 연예인 ☞ _____

연습 2 우리 반 친구들의 외모에 대해 이야기해 봅시다.

> **보기**
> 이름 : 준코
> ☞ 곰인형처럼 귀여워요.

이름 _____ ☞ _____

이름 _____ ☞ _____

이름 _____ ☞ _____

이름 _____ ☞ _____

이름 _____ ☞ _____

이름 _____ ☞ _____

이름 _____ ☞ _____

 듣기

문제 1 다음을 잘 듣고 <u>틀린</u> 대답을 고르십시오. (　　)

① 조금만 다듬어 드릴게요.

② 머리를 자르니까 귀여워 보여요.

③ 네, 그럼 조금만 자르도록 할게요.

④ 그럼 파마를 하는 게 좋을 것 같아요.

읽기

※ 다음을 읽고 질문에 답하십시오.

우리 반 친구들

지금부터 우리 반 친구들을 소개하겠습니다.

먼저 중국에서 온 왕밍 씨는 안경을 썼습니다. 그래서 아주 똑똑해 보입니다. 그리고 진짜 공부를 잘합니다.

베트남에서 온 호앙 씨는 얼굴이 아기처럼 생겼습니다. 호앙 씨는 노래도 잘하고 기타도 잘 칩니다. 저는 호앙 씨하고 제일 친합니다.

일본에서 온 준코 씨는 눈이 크고 곰인형같이 귀엽습니다. 노는 것을 좋아해서 수업 시간에 게임을 하면 제일 재미있게 합니다.

캐나다에서 온 라이언 씨는 영화배우같이 아주 멋있습니다. 농구도 잘하고 축구도 잘해서 운동을 하면 더 멋있어 보입니다.

러시아에서 온 율리아 씨는 얼굴은 얼음처럼 차가워 보입니다. 하지만 항상 말할 때 웃으면서 친구의 눈을 보고 말하니까 우리 반 친구들이 모두 좋아합니다.

우리 반 친구들은 모두 좋은 사람입니다. 계속 친하게 지내고 싶습니다.

똑똑하다 / 진짜 / 친하다 / 얼음

문제 1 웃으면 다르게 보이는 사람이 누구입니까? (   )

① 왕밍   ② 호앙   ③ 준코   ④ 율리아

문제 2 윗글의 내용과 <u>다른</u> 것을 고르십시오. (   )

① 왕밍 씨는 안경을 써서 똑똑해 보입니다.

② 아기처럼 생긴 호앙 씨는 저와 제일 친합니다.

③ 영화배우처럼 멋있는 라이언 씨는 운동을 하면 더 멋있어 보입니다.

④ 율리아 씨는 얼음처럼 차가워 보여서 친구들이 별로 좋아하지 않습니다.

문제 3 친구들의 외모를 설명해 봅시다.

왕밍	호앙	준코	라이언	율리아

 쓰기

※ 우리 반 친구들의 외모는 어떻습니까? 친구들의 외모에 대해 글을 써 봅시다.

A-게	N처럼	A-아/어 보이다

12

LESSON

인형처럼 귀엽게 생겼어요

학습 목표 • 추측 표현   • 외모 묘사하기

문   법 1. A-은/ㄴ 것 같다   V-는 것 같다   N인 것 같다 〈현재, 추측〉
2. A-게 생기다
3. N 같다

여러분은 가족 중에서 누구를 닮았습니까?

우리 반 친구들은 어떻게 생겼습니까?

본문

왕밍 씨가 지영 씨의 가족 사진을 보고 있습니다.

왕 밍 : 지영 씨가 언제 찍은 사진이에요?

지 영 : 7살 때예요.

왕 밍 : 아주 귀엽게 생겼어요. 인형 같아요.

지 영 : 지금하고 많이 다르지요?

왕 밍 : 지금도 예쁘지만 저 사진 속의 지영 씨는 정말 예쁜 것 같아요. 지영 씨는 가족 중에서 누구를 닮았어요?

지 영 : 이때는 어머니를 닮았는데 지금은 아버지를 더 많이 닮았어요.

왕 밍 : 그렇군요. 이때는 정말 어머니를 닮았네요.

지 영 : 왕밍 씨는 가족 중에서 누구를 닮았어요?

왕 밍 : 저는 아버지를 많이 닮았어요. 그래서 아이 때는 남자 아이 같았는데 크면서 예뻐졌어요.

지 영 : 왕밍 씨는 첫인상이 착해 보여서 처음부터 친구가 되고 싶었어요.

왕 밍 : 그래요? 지영 씨의 첫인상도 그랬어요.

지 영 : 그래서 우리가 좋은 친구가 됐군요.

지영 씨는 부모님 중에서 누구를 닮았습니까?

왕밍 씨는 아이 때 어떻게 생겼습니까?

어휘와 표현

때	인형	생기다	첫
착하다	크다	귀엽다	닮다

① **N 때 → 이때, 그때**

저는 고등학생 때 여행을 참 좋아했어요.
대학생 때부터 한국어를 공부하고 싶었어요.

② **크다**

아이 때는 날씬했는데 크면서 살이 쪘어요.
아이 때는 아빠를 닮았는데 크니까 엄마를 훨씬 더 많이 닮은 것 같아요.

③ **첫N**

사람에게 첫인상은 참 중요합니다.

가 : 와, 올해 첫눈이에요.
나 : 사랑하는 사람과 첫눈을 함께 보면 오래 만날 수 있어요.

④ **착하다**

착한 사람은 마음이 따뜻하고 친절한 사람입니다.

가 : 엥크 씨 누나는 어떤 사람이에요?
나 : 우리 누나는 예쁘고 착한 사람이에요.

⑤ **N이/가 N을/를 닮다**
N이/가 N와/과 닮다

가 : 율리아 씨는 언니와 닮았어요?
나 : 네, 저는 언니와 쌍둥이처럼 닮았어요.
가 : 왕밍 씨는 누구를 닮았어요?
나 : 저는 어머니를 닮았어요.

 **문법**

① A-은/ㄴ 것 같다 V-는 것 같다 N인 것 같다 〈현재, 추측〉

율리아 씨가 아픈 것 같아요.

호앙 씨는 지금 청소를 하는 것 같아요.

저 분이 우리 반 선생님인 것 같아요.

연습 1 [보기]와 같이 문형연습을 해 봅시다.

보기

준코/공부를 하다 ☞ 준코 씨는 공부를 하는 것 같아요.

(1) 농구 선수 / 키가 크다 ☞ _____

(2) 오늘 날씨 / 좋다 ☞ _____

(3) 영화 / 재미있다 ☞ _____

(4) 호앙 씨 / 학교에 가다 ☞ _____

(5) 왕밍 씨 / 중국 음식을 만들다 ☞ _____

(6) 준코 씨 / 매운 음식을 싫어하다 ☞ _____

(7) 율리아 씨 / 친절한 사람 ☞ _____

(8) 저 사람 / 2급 학생 ☞ _____

(9) 이것 / 호앙 씨 시계 ☞ _____

연습 2 [보기]와 같이 대화를 만들어 보십시오.

보기

가 : 저기 가는 사람이 호앙 씨인 것 같은데요?

나 : 네, 호앙 씨가 맞는 것 같아요.

(1) 가 : 극장에 사람이 정말 많이 있네요.

　　나 : (영화/인기가 많다) _____ .

(2) 가 : 어? 왕밍 씨가 어디에 가요?

　　나 : (왕밍/학교에 가다) _____ .

(3) 가 : 이게 누구 가방일까요?

　　나 : (준코) _____ .

② A-게 생기다

가 : 진웨이 씨 형은 어때요?

나 : 형은 배우처럼 멋있게 생겼어요.

가 : 현수 씨의 동생은 어떻게 생겼어요?

나 : 아주 똑똑하게 생겼어요.

연습 1 [보기]와 같이 알맞은 대답을 쓰십시오.

> 가 : 지은 씨의 동생은 어떻게 생겼어요?
>
> 나 : (강아지, 귀엽다) 강아지처럼 귀엽게 생겼어요.

(1) 가 : 현수 씨의 여자 친구는 어떻게 생겼어요?

　　나 : (인형, 예쁘다) _____ .

(2) 가 : 호앙 씨의 할아버지께서는 어떻게 생기셨어요?

　　나 : (호랑이, 무섭다) _____ .

(3) 가 : 라이언 씨의 어머니께서는 어떻게 생기셨어요?

　　나 : (꽃, 아름답다) _____ .

연습 2 [보기]와 같이 질문에 대답하십시오.

> 가 : 지은 씨는 누구를 닮아서 예뻐요?
>
> 나 : (어머니) 어머니를 닮아서 예쁘게 생겼어요.

(1) 가 : 엥크 씨는 누구를 닮아서 멋있게 생겼어요?

　　나 : (아버지) _____ .

(2) 가 : 호앙 씨는 누구와 닮았어요?

　　나 : (외할아버지, 무섭다) _____ .

(3) 가 : 진웨이 씨 동생은 누구를 닮아서 귀엽게 생겼어요?

　　나 : (오빠) _____ .

3 N 같다

가 : 지우 씨는 마음이 정말 넓은 것 같아요.

나 : 네, 맞아요. 지우 씨 마음은 바다 같아요.

가 : 현수 씨는 10년 동안 한 여자만을 사랑했어요.

나 : 정말 영화 같아요.

연습 1 [보기]와 같이 질문에 대답하십시오.

> 가 : 김 선생님은 어머니처럼 따뜻하지요?
>
> 나 : (어머니) 네, 우리 어머니 같아요.

(1) 가 : 수진 씨는 키가 정말 크지요?

　　나 : (모델) 네, _____.

(2) 가 : 우리 반 친구들은 모두 친하지요?

　　나 : (가족) 네, 너무 친해서 _____.

(3) 가 : 호앙 씨가 요즘 너무 많이 먹지요?

　　나 : (돼지) 맞아요. 많이 먹어서 _____.

(4) 가 : 지우 씨가 인기가 많아요?

　　나 : (연예인) 인기가 많아서 _____.

(5) 가 : 호앙 씨는 마음이 정말 착해요.

　　나 : (천사) 너무 착해서 _____.

(6) 가 : 학교가 좋아요? 매일 학교에만 가는 것 같아요.

　　나 : (집) 너무 편해서 _____.

듣기

문제 1   다음을 잘 듣고 질문에 알맞은 대답을 고르십시오. (   )

　　　① 맞아요, 예뻐졌어요.

　　　② 네, 착하게 생겼어요.

　　　③ 맞아요, 귀엽게 생겼어요.

　　　④ 네, 강아지처럼 무서워요.

문제 2   다음을 잘 듣고 알맞은 대답을 고르십시오. (   )

　　　① 네, 잠을 잤어요.

　　　② 아니요, 잠을 자요.

　　　③ 네, 잠을 자고 있네요.

　　　④ 아니요, 잠을 잘 거예요.

읽기

※ 다음을 읽고 질문에 답하십시오.

 우리 가족은 4명이에요. 아버지, 어머니, 저 그리고 여동생이에요. 아버지께서는 키가 크시고 배우처럼 멋있게 생기셨어요. 어머니께서는 꽃처럼 예쁘게 생기셨어요. 또 마음이 따뜻해서 천사 같아요. 제 여동생은 어머니를 닮아서 예쁘게 생겼어요. 저는 부모님과 많이 안 닮았어요. 그래서 아기 때는 부모님과 닮지 않아서 걱정을 했어요. 크면서 부모님을 닮기 시작했는데, 얼굴 모양과 눈은 어머니를 닮고 코와 입술은 아버지를 닮았어요. 저는 제 얼굴 중에서 눈이 제일 마음에 들어요. 제 눈은 인형같이 예쁘게 생겼어요. 그래서 제 첫인상은 착해 보여요.

모양 / 마음에 들다

문제 1 다음 중 맞는 것을 고르십시오. (   )

① 이 사람의 첫인상은 착해 보입니다.

② 이 사람은 어머니의 코와 입술을 닮았습니다.

③ 이 사람은 자신의 눈이 제일 마음에 안 듭니다.

④ 이 사람은 아버지의 얼굴 모양과 눈을 닮았습니다.

문제 2 이 사람의 가족의 외모는 어떻습니까?

아버지 ☞ ....

어머니 ☞ ....

여동생 ☞ ....

말하기

※ 우리 반 친구의 첫인상을 말해 보십시오. 첫인상과 지금 생각이 같아요? 달라요?

....

....

 쓰기

※ 우리 반 친구들이나 가족을 소개해 보십시오.

| A-게 | A-아/어 보이다 | N처럼[같이] | A-게 생기다 |
| A-아/어지다 | N을/를 닮다 | N 같다 | |

LESSON

13

낙천적인 사람인 것 같아요

학습 목표 • 근거 표현   • 예상하기

문　법 1. N 때문에　　N이기 때문에
2. A/V-을/ㄹ 것 같다　　N일 것 같다 〈미래〉
3. V-은/ㄴ 것 같다　　〈과거〉

여러분의 성격은 어떻습니까? 왜 그렇게 생각합니까?

사진 속에 사람들의 성격은 어떤 것 같습니까?

본문

율리아 씨와 준코 씨가 기숙사에서 이야기를 합니다.

준 코 : 어, 밖에 비가 오네요.

율리아 : 어떡하죠? 비 때문에 학교에 늦을 것 같아요. 저는 비가 오면 학교 가기가 싫어요.

준 코 : 왜요? 저는 비가 오면 분위기 있고 좋은데요. 해가 있으면 밝아서 좋고요.

율리아 : 준코 씨는 정말 긍정적인 것 같아요. 저는 성격이 부정적이기 때문에 큰일 이에요.

준 코 : 아니에요. 율리아 씨처럼 좋은 사람이 세상에 어디 있어요? 율리아 씨는 다른 사람을 잘 도와주니까 인기가 많아요.

율리아 : 고마워요. 우리 반 친구들을 보면 정말 성격이 다 달라요. 준코 씨는 항상 긍정적이고, 호앙 씨는 낙천적인 사람인 것 같아요.

준 코 : 호앙 씨가 낙천적이에요? 왜 그렇게 생각해요?

율리아 : 곧 시험 기간인데 걱정도 안 해요. "잘 될 거예요. 걱정하지 마세요." 이렇게 말하면서 노래 연습을 해요. 걱정이 없는 것 같아요.

준 코 : 맞아요. 호앙 씨는 항상 행복해 보여요.

율리아 : 라이언 씨는 활발하고, 왕밍 씨는 조용하고, 엥크 씨는 아주 낭만적이지요. 이렇게 성격이 다른 사람들이 모여서 같이 공부하는 것이 정말 재미있어요.

준 코 : 네, 맞아요. 저도 그래요. 율리아 씨도 재미있는 사람이에요. 율리아 씨가 없으면 우리 반이 정말 쓸쓸할 것 같아요.

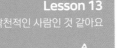

호앙씨는 성격이 어떤 것 같습니까? 왜 그렇게 생각했습니까?

율리아씨의 반 친구들은 성격이 어떻습니까?

어휘와 표현

어떡하다	세상	활발하다	모이다	분위기
인기	조용하다	쓸쓸하다	긍정적↔부정적	낙천적
낭만적	성격	큰일이다		

1 어떡하다

내일이 시험인데 공부를 많이 못 했어요. 어떡해요?
어떡하면 한국어를 잘 할 수 있어요?

2 분위기

이 식당은 분위기가 좋아요.
우리 반 친구들은 활발해서 수업 분위기가 좋아요.

3 N이/가 세상에 어디 있어요?

호앙 씨 같이 노래 잘하는 사람이 세상에 어디 있어요?
예쁜 여자를 싫어하는 남자가 세상에 어디 있어요?

4 N이/가 모이다

우리 반 학생들이 다 모였어요.
여러분, 이쪽으로 모이세요.

145

5 큰일이다

비밀번호가 기억이 안 나서 큰일이에요.

가: 시험 시간인데 배가 아파요.
나: 큰일이군요.

6 성격

부지런하다	⇔	게으르다	따뜻하다	⇔	차갑다
친절하다	⇔	불친절하다	활발하다	⇔	조용하다
성격이 급하다	⇔	느긋하다	대범하다	⇔	소심하다

저희 아버지는 성격이 급해요.
그 여자는 성격이 활발해 보여요.
말을 하지 않고 조용히 밥만 먹어요.

7 N적

여성적	⇔	남성적	긍정적	⇔	부정적
낙천적	⇔	비관적	사교적	⇔	비사교적
개방적	⇔	보수적	적극적	⇔	소극적
외향적	⇔	내성적			

준코 씨는 긍정적인 사람이에요.
제 친구는 사교적인 사람이라서 친구가 많아요.
부정적인 사람보다 긍정적인 사람이 인기가 많아요.

☺ 전통적/현대적/한국적

문법

1 N 때문에

N이기 때문에

가 : 영화를 자주 봐요?

나 : 아니요, 숙제 때문에 자주 못 봐요.

가 : 한국어를 잘해요?

나 : 아니요, 2급 학생이기 때문에 잘 못해요.

연습 1　다음 그림을 보고 문장을 완성하십시오.

(1)　　　　　　　　　 때문에 어제 약속을 못 지켰어요.

(2)　　　　　　　　　 때문에 등산을 못 해요.

(3)　　　　　　　　　 때문에 잠을 못 잤어요.

(4)　　　　　　　　　 때문에 친구와 싸웠어요.

연습 2　[보기]와 같이 'N 때문에 / N이기 때문에'를 선택해서 대답하십시오.

오늘 친구(① 때문에 ② 이기 때문에) 학교에 늦었어요.

(1) 아기 (① 때문에 ② 이기 때문에) 혼자 밥을 못 먹어요.

(2) 방학 (① 때문에 ② 이기 때문에) 고향에 가려고 합니다.

(3) 주말 (① 때문에 ② 이기 때문에) 백화점에 사람이 많아요.

(4) 다이어트 (① 때문에 ② 이기 때문에) 초콜릿을 안 먹어요.

(5) 날씨 (① 때문에 ② 이기 때문에) 등산을 갈 수 없을 것 같아요.

(6) 선생님 (① 때문에 ② 이기 때문에) 한국어를 잘 가르치십니다.

❷ A/V-을/ㄹ 것 같다　　N일 것 같다　　　　　　　〈미래, 추측〉

-을 것 같다	받침 있을 때	많다 ⇒ 많을 것 같다
-ㄹ것 같다	받침 없을 때 받침 'ㄹ'일 때	크다 ⇒ 클 것 같다 멀다 ⇒ 멀 것 같다

V-은/ㄴ 것 같다　　　　　　　　　　　　　　　　　〈과거〉

-은 것 같다	받침 있을 때	먹다 ⇒ 먹은 것 같다
-ㄴ것 같다	받침 없을 때 받침 'ㄹ'일 때	가다 ⇒ 간 것 같다 울다 ⇒ 운 것 같다

점심시간이니까 식당에 사람이 많을 것 같아요.

라이언 씨는 방학 때 고향에 돌아갈 것 같아요.

왕밍 씨는 밥을 안 먹은 것 같아요.

연습 1　[보기]와 같이 문형연습을 해 봅시다.

　　　저 친구 / 6급까지 공부하다
　　　☞ 저 친구는 6급까지 공부할 것 같아요.

(1) 버스 / 늦게 오다　☞ _____ .

(2) 호앙 씨 / 노래를 잘하다　☞ _____ .

(3) 지우 씨 / 한국 사람　☞ _____ .

(4) 주말 / 날씨가 좋다　☞ _____ .

연습 2　[보기]와 같이 문형연습을 해 봅시다.

　　　호앙 씨 / 이 음식을 만들었다
　　　☞ 호앙 씨가 이 음식을 만든 것 같아요.

(1) 진웨이 씨 / 숙제를 다 했다　☞ _____ .

(2) 율리아 씨 / 집에 갔다　☞ _____ .

(3) 준코 씨 / 머리를 잘랐다　☞ _____ .

(4) 엥크 씨 / 술을 마셨다　☞ _____ .

 듣기

※【1~2】다음을 잘 듣고 질문에 답하십시오.

문제 1 선희 씨 동생에 대한 설명으로 <u>틀린</u> 것을 고르십시오. (   )

① 남성적인 성격입니다.

② 키가 크고 날씬해 보입니다.

③ 얼굴이 아버지를 닮았습니다.

④ 선희 씨의 동생은 여자입니다.

문제 2 들은 내용과 같은 것을 고르십시오. (   )

① 오빠는 남성적인 사람입니다.

② 오빠는 여자들에게 인기가 많습니다.

③ 선희 씨의 친구는 여성적인 사람인 것 같습니다.

④ 선희 씨는 오빠 한 명과 여동생 한 명이 있습니다.

 읽기

※ 다음을 읽고 질문에 답하십시오.

저를 처음 보는 사람들은 제 첫인상을 차갑게 생각합니다. 잘 웃지 않고 이야기도 하지 않으니까요. 하지만 친구가 되면 저는 활발해집니다.

우리 반 엥크 씨는 첫인상이 아주 좋았습니다. 재미있는 사람이니까 반 친구들이 엥크 씨를 좋아합니다. 노래도 잘 부르고 이야기도 재미있게 해서 인기가 많습니다.

라이언 씨는 내성적인 사람일 것 같았습니다. 혼자 음악을 듣고 친구들과 이야기를 하지 않기 때문에 그렇게 생각했습니다. 하지만 라이언 씨는 운동도 좋아하고 친구들과 놀기도 좋아하는 사람입니다. 그래서 지금 라이언 씨는 적극적이고 외향적인 사람인 것 같습니다.

문제 1 다음 내용과 <u>다른</u> 것을 고르십시오. (   )

① 저의 첫인상은 조금 차갑습니다.

② 엥크 씨의 첫인상은 소극적입니다.

③ 라이언 씨는 첫인상과 조금 다릅니다.

④ 엥크 씨는 재미있어서 인기가 많습니다.

문제 2 반 친구들의 첫인상은 어떻습니까? 위에서 찾아서 써 보십시오.

(1) 저 ☞ _____

_____

(2) 엥크 ☞ _____

_____

(3) 라이언 ☞ _____

_____

말하기

※ 여러분의 가족의 성격은 어떻습니까? 자신의 성격과 잘 맞는 가족은 누구입니까?
　자신의 가족을 소개하면서 가족의 성격에 대해 말해 보십시오.

　　────────────────────────────

　　────────────────────────────

　　────────────────────────────

　　────────────────────────────

※ 여러분은 자신의 성격이 어떤 것 같습니까?
　자신의 성격의 좋은 점과 나쁜 점을 말해 보십시오.

　　────────────────────────────

　　────────────────────────────

　　────────────────────────────

　　────────────────────────────

쓰기

※ 자기의 첫인상과 친구들의 첫인상은 어땠습니까? 그리고 그 친구를 안 다음에 친구들의 첫인 상에 대한 생각이 어떻게 바뀌었습니까? 아래의 문법을 사용하여 써 봅시다.

> A-은/ㄴ 것 같다   V-는 것 같다   N인 것 같다   A/V-을/ㄹ 것 같다
>
> N일 것 같다   V-은/ㄴ 것 같다   A/V-기 때문에   N이기 때문에

memo

14

LESSON

마음이 따뜻한
사람이면 좋겠어요

학습 목표 • 조건·방법 표현   • 이상형 말하기

문 법
1-1. A/V-(으)면 되다   N이면 되다 〈조건〉
1-2. V-(으)면 되다   〈방법〉
2-1. A/V-(으)면 좋겠다   N(이)면 좋겠다
2-2. A/V- 았/었으면 좋겠다   N이었/였으면 좋겠다

여러분의 이상형은 어떤 사람입니까?

이성 친구를 사귀기 전에 가장 중요하게 생각하는 것이 무엇입니까?

155

본문

준코 씨와 호앙 씨가 이상형에 대해서 이야기하고 있습니다.

호 앙 : 한국에 온 지 6개월이 됐는데 한국 생활이 꽤 힘드네요.

준 코 : 호앙 씨는 우리 학교에서 가장 부지런한 학생인데, 한국 생활이 힘들어요?

호 앙 : 네, 한국어 공부도 재미없고, 매일 고향에 돌아가고 싶어요.

준 코 : 제 생각에는 호앙 씨에게 특별한 친구가 필요한 것 같아요. 공부만 하면 한국 생활이 재미없어요.

호 앙 : 특별한 친구요?

준 코 : 네, 여자 친구요. 호앙 씨, 저에게 이상형을 말해 주세요. 제 친구 중에서 한 명 골라 볼게요.

호 앙 : 저는 마음이 따뜻한 사람이 좋아요.

준 코 : 국적은 안 중요해요?

호 앙 : 네, 국적은 중요하지 않지만 될 수 있으면 한국어를 할 줄 알면 좋겠어요.

준 코 : 그렇군요. 어떻게 생긴 사람이 좋아요?

호 앙 : 외모는 중요하지 않아요. 마음이 따뜻하고 대화가 잘 통하면 돼요.

준 코 : 아! 있어요. 제 친구 중에서 마음이 따뜻하고 한국말도 잘하는 친구가 있어요.

호 앙 : 그래요? 잘 됐네요.

준 코 : 그러면 그 친구를 소개해 줄까요?

호 앙 : 네, 고마워요.

호앙씨의 요즘 한국 생활은 어떻습니까?

호앙씨의 이상형은 어떤 사람입니까?

어휘와 표현

꽤	고르다	제[내] 생각에(는)	이상형
통하다	국적	될 수 있으면	돌아가다

1 꽤

오늘 날씨가 꽤 덥네요.
그 영화는 꽤 재미있어요.
라이언 씨는 농구를 할 때 꽤 멋있어요.

2 N이/가 통하다

저에게는 마음이 잘 통하는 친한 친구가 많이 있어요.

가 : 지은 씨, 어떤 사람이 좋아요?
나 : 마음이 따뜻하고 대화가 잘 통하면 돼요.

3 제[내] 생각에(는)

제 생각에는 외모보다 성격이 더 중요한 것 같아요.

가 : 한국어 수업이 어때요?
나 : 내 생각에는 4시간 동안 공부하는 것이 꽤 힘든 것 같아요.

4 될 수 있으면 ≒ 가능하면

될 수 있으면 밤에 먹지 않는 것이 건강에 좋습니다.

가 : 숙제를 언제까지 내야 돼요?
나 : 될 수 있으면 주말 전에 내세요.

5 돌아가다

고향에 돌아가면 제일 먼저 남자 친구를 만나고 싶어요.

가 : 언제 고향에 돌아 갈 거예요?
나 : 대학교를 졸업하고 가려고 해요.

157

 문법

1-1 A/V-(으)면 되다[괜찮다]   N(이)면 되다[괜찮다]   〈조건〉

-으면 되다	받침 있을 때	먹다 ⇒ 먹으면 되다
-면 되다	받침 없을 때 받침 'ㄹ'일 때	크다 ⇒ 크면 되다 멀다 ⇒ 멀면 되다

가 : 이 옷 너무 비싼데요.

나 : 입어서 예쁘면 돼요.

가 : 어떤 사람을 만나고 싶어요?

나 : 마음이 따뜻하면 돼요. (마음이 따뜻한 사람이면 돼요.)

연습 1 문형연습을 해 봅시다.

형용사/동사 (A/V)	(으)면 되다	명사 (N)	(이)면 되다
많다		한국 사람	
먹다		토픽 4급	
빠르다		돈	
쉬다	☞	친구	☞
따뜻하다		사과	
*가깝다		커피	
*듣다		물	
*멀다		선물	

연습 2 [보기]와 같이 질문에 대답하십시오.

> **보기**
>
> 가 : 이상형을 알려 주세요.
>
> 나 : (마음/통하다) 마음만 통하면 돼요.

(1) 가 : 신청서에 주소도 써야 해요?

　　나 : (휴대폰 번호/쓰다) _____.

(2) 가 : 생일에 무엇을 받고 싶어요?

　　나 : (돈) _____.

(3) 가 : 어떤 사람을 만나고 싶어요?

　　나 : (착하다) _____.

(4) 가 : 집에서 언제 출발할까요?

　　나 : (5시/출발하다) _____.

1-2 V-(으)면 되다

〈방법〉

7000번 버스를 타면 돼요.

돈이 없으면 친구에게 빌리면 돼요.

시험을 잘 보려면 이 책만 공부하면 돼요.

연습 1 [보기]와 같이 질문에 대답하십시오.

> **보기**
>
> 가 : 명동에 가려면 어떻게 가야 돼요?
>
> 나 : 후문에서 8800번 버스를 타면 돼요.

(1) 가: 사무실에 어떻게 가요?

　　나: _____

(2) 가: 모르는 단어가 있으면 어떻게 해요?

　　나: _____

(3) 가: 도서관에서 책을 대출하려면 어떻게 해야 해요?

　　나: _____

연습 2 [보기]와 같이 대화를 만들어 보십시오.

> **보기**
>
> 가 : 수원역에 가려면 어떻게 가야 돼요?
>
> 나 : 정문에서 13번 버스를 타면 돼요.

(1) 가 : 시험을 잘 보려면 어떻게 해야 돼요?

　　나 : _____.

(2) 가 : 수업시간에 자고 싶으면 어떻게 해야 돼요?

　　나 : _____.

(3) 가 : 한국어를 잘하려면 어떻게 해야 돼요?

　　나 : _____.

2-1 A/V-(으)면 좋겠다   N(이)면 좋겠다

-으면 좋겠다	받침 있을 때	멋있다 ⇒ 멋있으면 좋겠다
-면 좋겠다	받침 없을 때 받침 'ㄹ'일 때	쉬다 ⇒ 쉬면 좋겠다 달다 ⇒ 달면 좋겠다

가 : 오늘 좀 피곤해 보여요.
나 : 네, 집에서 쉬면 좋겠어요.

가 : 김치찌개 맛이 어때요?
나 : 좀 더 매우면 좋겠어요.

연습 1   [보기]와 같이 질문에 대답하십시오.

> **보기**
> 가 : 이번 주말에 뭘 하면 좋겠어요?
> 나 : (등산, 목욕) 등산을 하거나 목욕을 하면 좋겠어요.

(1) 가 : 이번 방학에 뭘 하면 좋겠어요?

　　나 : (여행, 고향) _____ .

(2) 가 : 오늘 저녁에 뭘 하면 좋을까요?

　　나 : (영화, 노래방) _____ .

(3) 가 : 남자친구가 어떤 사람이면 좋겠어요?

　　나 : (멋있다, 친절하다) _____ .

연습 2   여러분은 지금 어때요? 앞으로 어떻게 하고 싶어요? 그래서 무엇을 하고 있어요? [보기]
와 같이 이야기해 보십시오.

> **보기**
> 저는 한국어를 잘하면 좋겠어요. 하지만 지금은 한국어를 잘 못해요.
> 그래서 한국 친구를 사귈 거예요.

A/V-(으)면 좋겠다	A/V-아/어요	V-을/ㄹ 거예요
1. 한국어를 잘해요	㉠ 돈이 없어요	ⓐ 운동을 열심히 해요
2. 요리를 잘해요	㉡ 건강이 나빠요	ⓑ 요리를 배워요
3. 건강이 좋아져요	㉢ 한국어를 잘 못해요	ⓒ 한국 친구를 사귀어요
4. 노래를 잘 불러요	㉣ 요리를 잘 못해요	ⓓ 아르바이트를 해요
5. 여행을 해요	㉤ 노래를 잘 못 불러요	ⓔ 노래방에 자주 가요

2-2 A/V–았/었으면 좋겠다 　N이었/였으면 좋겠다

아버지께서 건강하셨으면 좋겠어요.

너무 피곤해요. 집에 갔으면 좋겠어요.

지금 너무 뚱뚱하니까 날씬했으면 좋겠어요.

연습 1　[보기]와 같이 문형연습을 해 봅시다.

> **보기**
>
> 숙제가 없다
> ☞ 숙제가 없었으면 좋겠어요.

(1) 잠을 자다 ☞ _____ .

(2) 조용히 하다 ☞ _____ .

(3) 운전을 할 수 있다 ☞ _____ .

(4) 예쁘다 ☞ _____ .

(5) 놀이공원에 가다 ☞ _____ .

(6) 잘생기다 ☞ _____ .

(7) 키가 크다 ☞ _____ .

(8) 영화를 보다 ☞ _____ .

(9) 선생님이 되다 ☞ _____ .

연습 2　[보기]와 같이 대화를 만들어 보십시오.

> **보기**
>
> 가 : 지금 뭐 하고 싶어요?
> 나 : 저는 극장에 갔으면 좋겠어요.

(1) 가 : 오늘 우리 뭘 할까요?

　　나 : _____ .

(2) 가 : 방에 뭐가 있었으면 좋겠어요?

　　나 : _____ .

(3) 가 : 선물로 뭘 받고 싶어요?

　　나 : _____ .

(4) 가 : 오늘 날씨가 너무 덥네요!

　　나 : _____ .

듣기

문제 1 다음을 잘 듣고 질문에 알맞은 대답을 고르십시오. (   )

① 네, 날씨가 더우니까 좋았어요.

② 네, 에어컨이 있으면 좋겠어요.

③ 아니요, 날씨가 더우니까 집에 가고 싶어요?

④ 아니요, 날씨가 더워서 차가운 음료수를 마시면 돼요.

문제 2 다음 중 맞는 것을 고르십시오. (   )

① 진웨이 씨의 친구는 잘생기고 마음이 따뜻한 사람입니다.

② 진웨이 씨는 지우 씨에게 여자 친구를 소개해 주려고 합니다.

③ 진웨이 씨의 친구는 대학생인데 한국에서 2년 동안 살았습니다.

④ 지우 씨는 금요일에 약속이 있어서 토요일에 왕호 씨를 만날 것입니다.

말하기

※ 여러분의 이상형은 어떤 사람입니까? 친구의 이상형과 나의 이상형은 무엇이 다릅니까?

 읽기

※ 다음을 읽고 질문에 답하십시오.

 시간이 지나면 사람들의 이상형도 변합니다.

옛날 남자들은 긴 생머리에 피부가 하얀 여자를 좋아했습니다. 또 조용하고 마음이 착한 여자를 좋아했습니다. 옛날 여자들은 씩씩하고 건강한 남자를 좋아했습니다. 그렇지만 요즘 사람들의 이상형은 옛날과 다릅니다. 요즘 남자들은 조용한 여자보다 적극적이고 활발한 여자를 좋아합니다. 요즘 여자들도 남성적인 남자보다 친절하고 마음이 따뜻한 남자를 좋아합니다.

사람들의 생각이 모두 다르기 때문에 이상형도 다릅니다. 사람마다 좋아하는 음식, 좋아하는 음악, 좋아하는 옷 등이 달라서 좋아하는 사람도 모두 다른 것입니다. 옛날에는 이상형의 조건이 비슷했지만 요즘은 그렇지 않습니다. 그래서 요즘 사람들은 자기가 좋아하는 사람을 만나려고 합니다.

변하다 / 생머리 / 씩씩하다 / 조건

문제 1 윗글의 내용과 <u>다른</u> 것을 고르십시오. (   )

① 요즘 이성 친구의 이상형이 옛날과 다릅니다.

② 요즘 여자들은 남성적인 남자를 좋아합니다.

③ 요즘 사람들은 이상형이 사람마다 다릅니다.

④ 옛날 남자들은 조용하고 착한 여자를 좋아했습니다.

문제 2 사람마다 이상형이 다른 이유는 무엇입니까?

 쓰기

※ 여러분의 이상형은 어떤 사람입니까?

1	나의 이상형	
2	내가 좋아하는 성격	
3	내가 좋아하는 외모	

※ 위에서 쓴 것을 보면서 여러분의 이상형에 대해서 써 봅시다.

memo

15
LESSON

영화를 보러 가는 게 어때요?

학습 목표　• 상태 변화 표현　• 제안하기

문　법　1. V-게 되다
　　　　　2. 안[못] A/V-(으)면 안 되다
　　　　　3. V-는 것이[게] 어때요?

'소개팅'이라는 말을 들어 봤어요?

이성 친구를 만나고 싶으면 보통 어떻게 해요?

본문

호앙 씨가 커피숍에 앉아 있는데 미나 씨가 들어왔어요.

미나 : 저, 실례합니다. 호앙 씨세요? 저는 준코 씨 친구 미나라고 하는데요.

호앙 : 아, 안녕하세요? 호앙이라고 합니다. 여기 앉으세요.

미나 : 오래 기다리셨어요? 죄송해요. 일찍 안 오면 안 되는데……. 길이 막혀서 조금 늦었어요.

호앙 : 아니에요. 저도 조금 전에 왔어요. 무슨 차를 드시겠어요?

미나 : 호앙 씨와 같은 것으로 마실게요.

호앙 : 네, 커피 괜찮아요? 여기요! 커피 두 잔 주세요.
      음……. 미나 씨는 준코 씨를 어떻게 알게 되셨어요?

미나 : 같이 수영을 배우면서 알게 됐어요.

호앙 : 수영을 좋아하세요?

미나 : 네, 그런데 여기는 분위기가 별로 안 좋은 것 같네요. 여기 계속 계실 거예요?

호앙 : 그러면 차를 조금 더 마시고, 영화를 보러 가는 게 어때요?

미나 : 저는 요즘 영화들을 거의 다 봤어요. 그런데 호앙 씨는 소개팅이 처음이세요?

호앙 : 네, 처음이에요. 그러면 어디에 갈까요?

미나 : 글쎄요. 호앙 씨 마음대로 하세요.

호앙 : 네…….

미나 씨는 준코 씨와 어떻게 알게 되었습니까?

미나 씨의 성격이 어떤 것 같아요?

어휘와 표현

막히다	게	글쎄(요)
거의	소개팅	마음대로

1 N이/가 막히다

길이 막혀서 약속 시간에 늦었어요.

퇴근 시간에는 길이 막히니까 지하철을 타도록 하세요.

2 게

것	거
것이	게
것은	건
것을	걸

가 : 호앙 씨는 제일 좋아하는 게 뭐예요?

나 : 제가 제일 좋아하는 건 노래예요.

가 : 라이언 씨는 운동하는 걸 좋아하지요?

나 : 네, 저는 재미있는 건 다 좋아해요.

3 소개팅

| 소개팅 | 미팅 | 채팅 | 번개팅 |

가 : 이번 주말에 소개팅 하러 가요.

나 : 그래요? 잘 만나고 오세요.

가 : 요즘은 인터넷으로 채팅도 많이 해요.

나 : 네, 저도 채팅을 해 봤어요. 그리고 번개팅도 해 봤지요.

4 글쎄(요)

가 : 주말에 같이 영화 보러 갈래요?

나 : 글쎄요. 주말에 시간이 없을 것 같은데요.

가 : 뭐 먹을까요?

나 : 글쎄요. 저는 먹고 싶은 게 없어요.

5 마음대로

제 컴퓨터를 마음대로 사용하세요.

휴게실에서는 마음대로 커피를 마실 수 있어요.

우리 아버지는 보수적이어서 저는 여행도 마음대로 갈 수 없어요.

6 거의

가: 밥 다 먹었어요?

나: 거의 다 먹었으니까 조금만 기다리세요.

가: 아직 도착 안 했어요? 그럼 우리 먼저 출발할게요.

나: 거의 도착했으니까 조금만 기다려 주세요.

문법

1 V-게 되다

한국에 와서 호앙 씨를 만나게 되었어요.
올해부터 경기대학교에 다니게 되었어요.
매운 음식을 못 먹었는데, 한국에 와서 먹게 되었어요.

연습 1 [보기]와 같이 문형연습을 해 봅시다.

보기

호앙 씨 / 사랑하다
☞ 제가 호앙 씨를 사랑하게 되었어요.

(1) 아침 / 일찍 일어나다 ☞ _____.
(2) 술 / 안 마시다 ☞ _____.
(3) 김치 / 좋아하다 ☞ _____.

연습 2 [보기]와 같이 문형연습을 해 봅시다.

보기

3개월 후 / 대학교에서 공부하다
☞ 3개월 후부터 대학교에서 공부하게 되었어요.

(1) 다음 주 / 회사에서 일하다 ☞ _____.
(2) 내년 / 경기대학교에 다니다 ☞ _____.
(3) 한 달 후 / 아르바이트를 하다 ☞ _____.

연습 3 여러분 고향에서의 생활과 한국에서의 생활이 어떻게 달라졌어요?

보기

고향에서는 한국 음식을 안 먹었는데 한국에 와서 한국 음식을
먹게 되었어요.

(1) _____
(2) _____

2 안[못] A/V-(으)면 안 되다   A/V-지 않으면 안 되다

감기에 걸렸을 땐 안 쉬면 안 돼요.

이번 시험을 못 보면 안 돼요. 이번 시험은 아주 중요해요.

시험 때 밤늦게까지 공부하는 것은 좋지만 잠을 자지 않으면 안 돼요.

연습 1 [보기]와 같이 문형연습을 해 봅시다.

> 비가 오는 날은 따뜻하게 입어야 해요.
> ☞ 비가 오는 날은 따뜻하게 안 입으면 안 돼요.
>   비가 오는 날은 따뜻하게 입지 않으면 안 돼요.

(1) 대학교에 입학하려면 한국어 공부를 열심히 해야 돼요.

   ☞ 대학교에 입학하려면 _____ .

   ☞ 대학교에 입학하려면 _____ .

(2) 여름에는 물을 자주 마셔야 해요.

   ☞ 여름에는 _____ .

   ☞ 여름에는 _____ .

(3) 요리하기 전에 손을 씻어야 돼요.

   ☞ 요리하기 전에 _____ .

   ☞ 요리하기 전에 _____ .

연습 2 그림을 보고 [보기]와 같이 대화를 만들어 보십시오.

> 가 : 친구와 싸웠을 때 어떻게 해야 돼요?
> 나 : 친구와 싸웠을 때는 먼저 사과하지 않으면 안 돼요.

(1) 가 : 머리가 아플 때는 어떻게 해야 돼요?

   나 : _____

(2) 가 : 새해에는 뭘 해야 해요?

   나 : _____

(3) 가 : 살을 빼고 싶으면 어떻게 해야 돼요?

   나 : _____

③ V-는 것이[게] 어때요?

가 : 11시에 만나는 것이 어때요?

나 : 11시는 너무 늦으니까 9시에 만납시다.

가 : 주말에 놀이공원에 가는 게 어때요?

나 : 좋아요. 몇 시에 만날까요?

연습 1 [보기]와 같이 문형연습을 해 봅시다.

> **보기**
>
> 같이 밥을 먹다
>
> ☞ 같이 밥을 먹는 것이[게] 어때요?

(1) 좀 쉬다

　☞ _____ .

(2) 잠을 좀 더 자다

　☞ _____ .

(3) 야구를 보러 가다

　☞ _____ .

연습 2 그림을 보고 [보기]와 같이 만들어 보십시오.

> **보기**
>
>
>
> 가 : 밥을 좀 더 먹는 게 어때요?
>
> 나 : 배가 너무 불러서 못 먹겠어요.

(1)

　가 : 아이고, 지영 씨가 너무 힘들어 보이네요.

　나 : _____ ?

(2) 　가 : 어, 저쪽에서 재미있는 공연을 하는 것 같은데요

　나 : _____ ?

(3) [금요일]

　가 : _____ ?

　나 : 그날은 제가 바쁠 것 같은데 다음에 봅시다.

 듣기

새 단어 매력이 있다[없다] 자상하다

문제 1 다음 중 들은 내용과 같은 것을 모두 고르십시오. (   )

① 호앙 씨는 미나 씨의 스타일이에요.

② 미나 씨는 착한 남자는 별로 안 좋아해요.

③ 호앙 씨도 미나 씨를 별로 안 좋아하는 것 같아요.

④ 호앙 씨는 자상하지 않지만 남성적인 사람인 것 같아요.

문제 2 들은 내용과 다른 것을 고르십시오. (   )

① 미나 씨는 남성적인 스타일을 좋아합니다.

② 호앙 씨는 미나 씨를 한 번 더 만나보려고 합니다.

③ 호앙 씨는 미나 씨의 성격을 알아 보려고 한 것 같습니다.

④ 준코 씨는 미나 씨와 호앙 씨가 잘 되면 좋겠다고 생각합니다.

 읽기

※ 다음 글을 읽고 질문에 답하십시오.

이성 친구가 없는 '솔로'들은 좋은 여자 친구, 남자 친구를 만나려고 소개팅을 많이 합니다. 두 사람 모두 아는 사람이 소개해 주는 것이기 때문에 안심하고 만날 수 있습니다. 그 사람의 성격이나 여러 조건들을 알고 만나니까요.

미팅도 많이 쓰는 방법입니다. 미팅은 보통 학생들이 많이 합니다. 이성 친구를 많이 만나 보지 않은 사람들은 둘만 만나는 것보다 여러 사람이 같이 만나서 노는 게 편하고 재미있기 때문에 이 방법을 많이 사용합니다. 그렇지만 내 마음에 든 사람이 다른 사람을 좋아하면 슬픕니다.

인터넷을 자주 사용하는 사람들은 채팅도 많이 합니다. 얼굴을 보지 않고 마음의 이야기를 할 수 있어서 채팅도 아주 유행했습니다. 채팅을 하면서 서로 마음이 통하게 되면 번개팅을 하기도 합니다. 번개팅은 온라인에서 만난 사람과 번개같이 빨리 약속을 하고 진짜로 만나는 것입니다.

여러분, 이성 친구를 만나려고 여러 가지 '팅'을 하는 것보다 마음이 통하는 새 친구를 사귀는 마음으로 '팅'을 해 보는 게 어떨까요? 그러면 정말 사랑하는 사람도 만날 수 있을 것입니다.

이성 / 솔로 / 조건 / 안심하다 / 유행하다 / 온라인 / 번개

문제 1 한국에는 어떤 '팅' 문화가 있습니까? 아는 것을 모두 쓰십시오.

문제 2 다음 중 윗글의 내용과 <u>다른</u> 것은 무엇입니까? (   )

① 소개팅은 두 사람이 만나는 것입니다.

② 소개팅은 아는 사람이 소개해 주는 것입니다.

③ 미팅은 컴퓨터로 만난 사람들이 얼굴을 보는 것입니다.

④ 채팅으로 알게 된 사람들도 마음이 통하면 번개팅을 합니다.

175

 쓰기

※ 다음 주제 중 하나를 선택해 쓰십시오.

1. 한국이나 고향에서 소개팅을 해 봤습니까? 어땠습니까?
2. 한국의 '팅' 문화 중 해 보고 싶은 것이 있습니까? 왜 그것을 해 보고 싶습니까?

V-게 되다   안[못] A/V-(으)면 안 되다   V-는 게[것이] 어때요?

memo

16
LESSON

사전을 사용해도 돼요?

학습 목표 허용·금지 표현

문법
1. N에 대해(서)   N에 대한
2. V-아/어도 되다   〈허락〉
3. V-(으)면 안 되다   〈금지〉

시험을 볼 때 무엇을 할 수 있습니까? 또 무엇을 할 수 없습니까?

여러분 나라에도 대학 입학 시험이 있습니까?

본문

준코 씨와 왕밍 씨가 시험에 대해서 이야기하고 있습니다.

준코 : 어휴…….

왕밍 : 준코 씨, 왜 한숨을 쉬어요?

준코 : 시험이 코앞인데 공부를 많이 못해서 걱정이에요.

왕밍 : 아직 시간이 남았는데 왜 걱정을 해요?

준코 : 시험 범위는 많은데 시간은 없고, 그동안 공부한 것은 기억도 안 나요. 정말 큰 일이에요. 왕밍 씨는 어떻게 공부해요?

왕밍 : 저는 매일 시간을 정해서 공부를 해요. 하루에 세 시간 공부를 하면 한 시간은 읽기, 한 시간은 쓰기, 한 시간은 듣기와 말하기를 공부해요.

준코 : 아, 그렇군요. 그런데 어떻게 하면 시험을 잘 볼 수 있을까요?

왕밍 : 우선 잠을 잘 자야 해요. 공부 때문에 잠을 못 자면 안 돼요. 공부하는 것도 중 요하지만 컨디션도 중요하니까요.

준코 : 저는 시험 보는 날 아침을 먹으면 컨디션이 좋아져요.

왕밍 : 맞아요. 시험 날에는 아침을 먹고 학교에 일찍 가서 준비해야 해요.

준코 : 시험 시간에 사전을 사용해도 돼요?

왕밍 : 사전은 사용하면 안 돼요. 될 수 있으면 단어를 많이 외워야 해요.

준코 : 고마워요, 왕밍 씨. 도움이 많이 됐어요.

왕밍 : 시험에 대해서 모르는 것이 있으면 이야기 하세요.

준코 : 네, 오늘부터 열심히 시험 준비를 하겠어요.

준코 씨는 왜 한숨을 쉬고 있습니까?

시험을 잘 보려면 어떻게 해야 합니까?

180

어휘와 표현

한숨(을) 쉬다	기억이 나다	컨디션
시험 범위	정하다	시험(을) 보다
코앞	남다	도움이 되다

1 한숨(을) 쉬다

저는 걱정이 있으면 계속 한숨만 쉽니다.

가 : 휴…….
나 : 무슨 일 있어요? 왜 한숨을 쉬어요?

2 코앞

방학이 코앞이어서 너무 기뻐요.

가 : 저쪽으로 가면 약국이 보여요.
나 : 약국이 코앞에 있었군요.

3 N이/가 남다

시험이 코앞이지만 아직 며칠 더 공부할 시간이 남았어요.

가 : 돈이 얼마나 남았어요?
나 : 영화표를 사고 3,000원이 남았어요.

4 기억

공부를 열심히 했지만 기억이 잘 안 나요.

가 : 지금까지 제일 행복한 기억이 뭐예요?
나 : 부모님과 처음 여행을 간 거예요.

5 **N이/가 나다**

[화, 냄새, 구멍, 소리, 불, 짜증, 생각, 기억, 눈물, 콧물, 땀, 피, 상처…]

생각이 나면 말씀해 주세요.

가 : 저를 기억하세요?

나 : 음, 우리가 어디에서 봤지요? 미안하지만 기억이 잘 안 나요.

6 **N을/를 정하다**

저는 무슨 일을 하기 전에 항상 시간을 정합니다.

가 : 지금 시간이 없으니까 빨리 약속을 정합시다.

나 : 그래요. 그러면 이번 주 금요일에 만날까요?

7 **N에[에게] 도움이 되다**

이 책이 제 친구에게 도움이 되면 좋겠어요.

가 : 한국어 공부에 도움이 되는 책 좀 소개해 주세요.

나 : 책보다 신문을 읽는 게 어때요?

문법

N에 대해(서)   N에 대한

가 : 한국 문화에 대해서 많이 알아요?
나 : 네, 한국에 와서 많이 알게 됐어요.
가 : 조금 전에 선생님께서 무슨 말씀을 하셨어요?
나 : 다음 주 문화수업에 대한 이야기를 하셨어요.

연습 1 [보기]와 같이 알맞은 질문을 만들어 보십시오.

보기
가 : (한복) 한복에 대해서 들어 봤어요?
나 : 네, 들어 봤어요.

(1) 가 : (윷놀이) _____ 알아요?
    나 : 아니요, 잘 몰라요.
(2) 가 : (떡국) _____ 이야기를 할까요?
    나 : 네, 좋아요. 한번 먹어 보면 좋겠어요.
(3) 가 : (저 사람) _____ 들어 봤어요?
    나 : 아니요, 한 번도 못 들어 봤어요.

연습 2 [보기]와 같이 질문에 대답하십시오.

보기
가 : 진웨이 씨, 가족에 대해서 이야기해 주세요.
나 : 저희 가족은 모두 네 명인데, 부모님과 저, 그리고 남동생이 있어요.

	나	친구 :
취미		
이상형		
미래의 꿈		
한국 생활		
좋아하는 음식		

② V-아/어도 되다 〈허락〉

-아도 되다	'ㅏ', 'ㅗ'일 때	가다 ⇒ 가도 되다
-어도 되다	'ㅏ', 'ㅗ'가 아닐 때	쉬다 ⇒ 쉬어도 되다
-해도 되다	'하다'일 때	공부하다 ⇒ 공부해도 되다

가 : 피곤한데 먼저 자도 돼요?

나 : 네, 자도 돼요.

가 : 지금 음악을 들어도 돼요?

나 : 네, 쉬는 시간이니까 들어도 돼요.

연습 1 [보기]와 같이 질문에 대답하십시오.

> 가 : 너무 배가 고픈데 먼저 밥을 먹어도 돼요?
>
> 나 : 그럼요, 먼저 드셔도 돼요.

(1) 가 : 시간이 없는데 먼저 집에 가도 돼요?

　　나 : 네, ＿＿＿＿＿＿＿＿＿＿＿＿＿＿＿＿＿＿＿.

(2) 가 : 여기 자리 있어요? 앉아도 돼요?

　　나 : 네, ＿＿＿＿＿＿＿＿＿＿＿＿＿＿＿＿＿＿＿.

(3) 가 : 여기에서 담배를 피워도 돼요?

　　나 : 네, ＿＿＿＿＿＿＿＿＿＿＿＿＿＿＿＿＿＿＿.

(4) 가 : 여기에서 운동을 해도 돼요?

　　나 : 네, ＿＿＿＿＿＿＿＿＿＿＿＿＿＿＿＿＿＿＿.

❸ V-(으)면 안 되다 〈금지〉

-으면 안 되다	받침 있을 때	먹다 ⇒ 먹으면 안 된다
-면 안 되다	받침 없을 때 받침 'ㄹ'일 때	자다 ⇒ 자면 안 되다 살다 ⇒ 살면 안 되다

가 : 여기서 사진을 찍어도 돼요?

나 : 여기서는 찍으면 안 돼요.

가 : 수업 시간에 잠을 자도 돼요?

나 : 아니요. 잠을 자면 안 돼요.

연습 1 문형연습을 해 봅시다.

동사(V)	-(으)면 안 되다	동사(V)	-(으)면 안 되다
가다		먹다	
오다		잡다	
쉬다	☞	끊다	☞
자다		찍다	
사다		앉다	
보다		*듣다	
주다		*놀다	
마시다		*울다	

연습 2 [보기]와 같이 질문에 대답하십시오.

> 보기
>
> 가 : 지금 자고 싶어요.
>
> 나 : (자다/조금 쉬다) 지금은 자면 안 되니까 조금만 쉬세요.

(1) 가 : 지금 먹고 싶어요.

나 : (지금 먹다/조금만 맛보다) _____.

(2) 가 : 지금 사진을 찍고 싶어요.

나 : (지금 찍다/나중에 찍다) _____.

(3) 가 : 지금 전화를 끊고 싶어요.

나 : (전화를 끊다/잠깐 기다리다) _____.

듣기

문제 1 다음을 잘 듣고 질문에 알맞은 대답을 고르십시오. (　　)

① 네, 들어 봤어요.

② 네, 안 들어 봤어요.

③ 아니요, 들었어요.

④ 아니요, 들을 거예요.

문제 2 다음을 잘 듣고 질문에 알맞은 대답을 고르십시오. (　　)

① 네, 사용하면 돼요.

② 네, 사용하면 안 돼요.

③ 아니요, 사용하면 돼요.

④ 아니요, 사용하면 안 돼요.

 읽기

※ 다음을 읽고 질문에 답하십시오.

 한국에서는 중요한 시험을 보는 사람에게 선물을 합니다.

찹쌀떡과 엿은 전통적인 선물입니다. 찹쌀떡과 엿을 선물하는 것은 시험에 꼭 합격하기를 바라는 뜻입니다. 요즘에는 초콜릿도 많이 선물합니다.

또 포크를 선물하기도 합니다. 이 선물은 시험을 볼 때 모르는 문제가 나오면 답을 잘 고르라는 뜻입니다. 한국에서는 모르는 문제의 답을 고르는 것을 '찍다'라고 말합니다.

그리고 문제를 잘 풀기를 바라면서 휴지를 선물하고, 시험을 잘 보기를 바라면서 거울을 선물하는 사람도 있습니다. '거울을 보다'와 '시험을 보다'에서 '보다' 발음이 같기 때문입니다.

선물의 종류도 많고 그 의미도 여러 가지지만, 선물을 주는 사람의 마음은 모두 같습니다. 시험을 잘 보기 바라는 마음으로 주는 것입니다.

합격 / 바라다 / 포크 / 찍다 / 풀다

문제 1 윗글을 읽고 선물과 의미를 맞게 연결하십시오.

① 찹쌀떡 ·   · 시험 문제의 정답을 잘 찍으세요.
② 휴지 ·   · 시험을 잘 보세요.
③ 거울 ·   · 문제를 잘 푸세요.
④ 포크 ·   · 시험에 꼭 합격하기를 바랍니다.

문제 2 선물을 주는 사람의 마음은 어떻습니까?

....

....

....

....

187

 쓰기

※ 여러분의 나라에서는 중요한 시험 때 어떤 선물을 많이 합니까? 왜 그 선물을 줍니까? 여러분
은 시험 때 어떤 선물을 받았습니까? 또 어떤 음식을 먹습니까? 또 무엇을 먹으면 안 됩니까?
여러분 나라의 시험 문화에 대해 소개하는 글을 쓰십시오.

memo

17

LESSON

공부하기가 너무 불편해요

여러분은 어떨 때 공부가 잘됩니까?

여러분이 사는 곳은 살기가 어떻습니까?

본문

라이언 씨가 정우 씨에게 걱정을 이야기합니다.

정　우 : 라이언 씨, 요즘 한국어 공부가 잘 돼요?

라이언 : 아니요, 잘 안 돼요.

정　우 : 왜요? 무슨 일이 있어요?

라이언 : 방 하나를 여럿이 써야 해서 공부하기가 너무 불편해요. 또 제가 공부할 때 다른 친구들이 자주 놀러 와서 시끄럽게 얘기해요.

정　우 : 그래요? 그러면 도서관에 가서 공부하면 안 돼요?

라이언 : 도서관에 가 봤는데 시험 기간이라서 사람이 너무 많아요. 아침에 일찍 가서 자리를 잡아야 하는데 저는 수업이 있기 때문에 그것도 안 돼요.

정　우 : 정말 어떡해요? 중간시험은 잘 봤어요? 중간시험 성적이 나왔지요?

라이언 : 아니요, 아직 안 나왔어요. 그렇지만 성적이 별로 안 좋을 것 같아요.

정　우 : 그러면 라이언 씨는 이제 잘 되니까.

라이언 : 저는 혼자 있을 때 공부가 잘 되니까 혼자 쓰는 방을 구하려고 해요.

정　우 : 그래요. 좋은 생각이네요. 제가 도와줄 일이 있으면 이야기하세요.

라이언 : 네, 그럴게요. 고마워요.

라이언 씨는 무슨 걱정이 있습니까?

라이언 씨는 언제 공부가 잘 됩니까?

어휘와 표현

(공부가) 되다	중간시험	이제
여럿(이)	일찍	성적
쓰다	구하다	잡다

1 N이/가 되다

저는 가수가 되고 싶어요.
도서관에서는 공부가 잘 돼요.
음식이 다 됐습니다.

2 여럿(이)

여럿이 함께 식사를 하면 밥이 더 맛있어요.
혼자서 하면 힘든 일도 여럿이 하면 금방 해요.
한 방에 여럿이 같이 사니까 불편해요.

3 일찍

학교에 좀 더 일찍 오도록 하세요.
아침에 일찍 일어나서 운동을 하러 갑니다.
시험을 보는 날에는 일찍 학교에 와서 준비해야 해요.

4 N을/를 잡다

도서관에 자리를 잡으러 가요.
길이 막혀서 택시를 잡을 수 없어요.

☺ 공을 잡았어요.

5 이제

이제 공부합시다.
이제부터 우리는 친구입니다.
준코 씨도 왔으니까 이제 출발합시다.

6 N을/를 쓰다

이 연필을 좀 써도 돼요?
새로 산 컴퓨터를 써 봤는데 아주 좋아요.
동생이 마음대로 휴대폰을 썼어요.

7 N을/를 구하다

이 식당에서 직원을 구하네요.
제 동생이 방을 구하려고 해요.
저는 아르바이트를 구하고 있어요.

문법

1 V-기(가) A [좋 다, 나쁘다, 괜찮다, 힘들다, 어렵다, 쉽다, 편하다, 불편하다 등]

기숙사에서 살기가 좋아요.

식당이 가까워서 밥 먹기가 편해요.

학교가 멀어서 학교 가기가 힘들어요.

연습 1   [보기]와 같이 질문에 대답하십시오.

> 보기
>
> 가 : 지하철 타기가 어때요?
>
> 나 : (멀다/불편하다) 지하철역이 멀어서 지하철 타기가 불편해요.

(1) 가 : 학교에 다니기가 어때요?

　　나 : (멀다/힘들다) _____

(2) 가 : 그 책은 읽기가 어때요?

　　나 : (그림이 많다/쉽다) _____

(3) 가 : 운동하기가 어때요?

　　나 : (운동장이 가깝다/편하다) _____

연습 2   [보기]와 같이 질문에 대답하십시오.

> 보기
>
> 가 : 지금 살고 있는 집이 어때요?
>
> 나 : 버스 정류장이 가까워서 버스를 타기가 편해요.

(1) 가: 이 한국어 책이 어때요?

　　나: 단어가 쉬워서 _____

(2) 가: 학교에서 점심을 자주 먹어요?

　　나: 네, 학생 식당이 가까워서 _____

(3) 가: 도서관에서 책을 빌려 봤어요?

　　나: 네, 책이 많아서 _____

(4) 가: 오늘 시간이 있으면 같이 등산갈까요?

　　나: 오후에 비가 올 것 같아요. 비가 오면 _____

195

② N(이)라서

처음이라서 잘 몰라요.

외국인이라서 한국 문화를 잘 몰라요.

오늘은 주말이라서 학교에 안 갑니다.

연습 1   [보기]와 같이 문형연습을 해 봅시다.

보기

딸 / 너무 예쁘다

☞ 딸이라서 너무 예뻐요.

(1) 방학 / 시간이 많다

☞ ....

(2) 시험 기간 / 긴장되다

☞ ....

(3) 퇴근 시간 / 길이 복잡하다

☞ ....

연습 2   그림을 보고 [보기]와 같이 대화를 만들어 보십시오.

보기

가 : 백화점에 왜 이렇게 사람이 많지요?

나 : 세일 기간이라서 그럴 거예요.

(1) 가 : 왜 이렇게 택시가 안 오지요?

　　나 : ....

(2) 가 : 저는 그 사람을 잊을 수 없어요.

　　나 : ....

(3) 가 : 학교 분위기가 왜 이렇게 조용해요?

　　나 : ....

3-1 A/V-을/ㄹ 때 N일 때

-을 때	받침 있을 때	먹다 ⇒ 먹을 때
-ㄹ 때	받침 없을 때 받침 'ㄹ'일 때	크다 ⇒ 클 때 살다 ⇒ 살때

야구를 할 때 기분이 좋아져요.

날씨가 너무 추울 때는 밖에 나가지 마세요.

고등학생일 때 공부를 열심히 하지 않았어요.

연습 1   [보기]와 같이 질문에 대답하십시오.

보기

가 : 언제 가장 힘들어요?

나 : (아프다) 아플 때 가장 힘들어요.

(1) 가 : 언제 가장 행복해요?

　　나 : (자다) _____

(2) 가 : 언제 제일 남자[여자] 친구를 사귀고 싶어요?

　　나 : (외롭다) _____

(3) 가 : 언제 자기가 제일 멋있는 것 같아요?

　　나 : (농구하다) _____

연습 2   [보기]와 같이 친구와 함께 대화해 봅시다.

질문	친구 :	친구 :
언제 부모님이 제일 생각나요?		
언제 제일 슬퍼요?		
언제 제일 기분이 좋아요?		
언제 제일 스트레스를 받아요?		

3-2 A/V-았/었을 때   N이었/였을 때

-았을 때	'ㅏ, ㅗ'일 때	가다 ⇒ 갔을 때
-었을 때	'ㅏ, ㅗ'아닐 때	먹다 ⇒ 먹었을 때
-했을 때	'하다'일 때	공부하다 ⇒ 공부했을 때

집을 샀을 때 제일 좋았어요.

내가 어렸을 때 한국에 와 봤어요.

처음 김치를 먹었을 때 너무 매웠어요.

연습 1 [보기]와 같이 문형연습을 해 봅시다.

> **보기**
>
> 가 : 언제 가장 기분이 좋았어요?
>
> 나 : (대학교 합격하다) 저는 대학교에 합격했을 때가 제일 좋았어요.

(1) 가 : 언제 가장 슬펐어요?

　　나 : (할머니께서 돌아가시다) _____ 가장 슬펐어요.

(2) 가 : 언제 가장 행복했어요?

　　나 : (가족과 같이 여행 가다) _____ 가장 행복했어요.

(3) 가 : 언제 가장 열심히 공부했어요?

　　나 : (고등학생) _____ 가장 열심히 공부했어요.

연습 2 [보기]와 같이 대화를 만들어 보십시오.

> **보기**
>
> 가 : 어렸을 때 뭐가 되고 싶었어요?
>
> 나 : 저는 어렸을 때 선생님이 되고 싶었어요.

(1) 가 : 주말에 놀이공원에 갔어요? 어땠어요?

　　나 : _____ .

(2) 가 : 언제 제일 행복했어요?

　　나 : _____ .

(3) 가 : 언제 가장 스트레스를 받았어요?

　　나 : _____ .

듣기

새 단어  평소

문제 1 다음 중 질문에 맞는 답을 고르십시오. (　　　)

① 자주 아프니까 공부하기가 힘듭니다.

② 한국어 공부하기가 좋고 재미있습니다.

③ 외국 학생이라서 공부하기가 좋습니다.

④ 한국어 공부가 어렵지만 재미있습니다.

※【2~3】다음을 잘 듣고 질문에 답하십시오.

문제 2 지우 씨가 공부가 잘되는 시간은 언제입니까? (　　　)

① 평소

② 텔레비전을 볼 때

③ 혼자 조용히 있을 때

④ 다른 사람과 같이 있을 때

문제 3 다음으로 이어질 지우 씨의 말이 <u>아닌 것</u>을 고르십시오. (　　　)

① 정말 그래요. 어떡하지요?

② 저도 그런데 호앙 씨는 어떻게 하세요?

③ 네, 그래서 제가 공부를 못 하는 것 같아요.

④ 네, 기숙사에서는 공부하기가 너무 어려워요.

읽기

※ 다음을 읽고 질문에 답하십시오.

나의 고민

저는 한국에 온 지 4개월이 되었습니다. 처음에 한국에 와서 친구들도 없고 한국말도 못하니까 너무 외롭고 심심했습니다. 그래서 자주 도서관에 가서 공부를 했습니다. 도서관에는 한국어 책이 많으니까 공부하기가 정말 좋습니다.

그런데 한국에 온 지 한 달, 두 달이 되면서 친구도 많이 사귀고 한국 생활이 편해졌습니다. 친구들과 같이 수업이 끝나면 기숙사에서 게임을 하고 저녁에는 술도 마시고 노래방에도 자주 갔습니다. 그래서 저는 점점 공부를 하지 않게 되었습니다.

지난주에 중간시험을 봤는데 성적이 별로 좋지 않아서 걱정입니다. 지금 2급이라서 내년에 대학교에 가려면 열심히 공부해야 합니다. 하지만 기숙사에는 친구들이 많이 있으니까 공부하기가 불편합니다. 친구들이 자주 방에 놀러 와서 떠들고 게임도 하니까요. 그래서 저는 이사를 하고 싶습니다. 조용하고 공부하기 좋은 집을 찾고 싶습니다. 또 근처에 마트와 공원이 있으면 좋겠습니다. 어디에서 이런 집을 구할 수 있습니까?

고민(하다) / 성적 / 떠들다

문제 1 윗글과 같은 내용을 고르십시오. (   )

① 기숙사는 조용한 대신에 공부하기가 불편합니다.

② 지금 이 사람은 성적이 안 좋아서 고민을 합니다.

③ 이 사람은 지금 한국 친구를 사귀고 싶어 합니다.

④ 이 사람은 한국에 온 지 세 달 정도 된 것 같습니다.

문제 2 이 사람은 어떤 집을 찾고 있습니까?

200

 쓰기

※ 언제 이사를 가고 싶습니까? 이사 가고 싶을 때를 써 보십시오.

> A/V-았/었을 때   A/V-을/ㄹ 때   N(이)라서

LESSON

18

이사를 가야겠어요

여기는 어디입니까?

여러분은 언제 이사를 하고 싶습니까?

본문

선생님이 라이언 씨와 이야기를 합니다.

선생님 : 라이언 씨, 중간시험 성적이 나쁘네요. 요즘 무슨 고민이 있어요?

라이언 : 기숙사에서 공부가 잘 안 돼서 시험 준비를 많이 못 했어요.

선생님 : 기숙사에서 왜 공부가 잘 안 돼요?

라이언 : 한 방에 여럿이 같이 사니까 공부하기가 너무 불편해요.

선생님 : 그럼 어떻게 하고 싶어요?

라이언 : 혼자 살 수 있는 방을 구해서 이사를 가야겠어요.

선생님 : 자취를 하려고요? 혼자서 자취를 하면 힘든 일이 많을 거예요.

라이언 : 네, 아마 그럴 거예요. 그렇지만 저는 공부를 더 잘할 수 있는 곳에서 살고
싶어요.

선생님 : 잘 생각했어요. 하지만 괜찮은 방이 있을지 모르겠어요.

라이언 씨는 어떤 방을 찾고 싶어요?

라이언 : 보증금과 월세가 싸고 교통이 편리하고 난방이 잘 되면 좋겠어요.
오늘부터 빨리 찾아봐야겠어요.

선생님 : 그래요. 선생님도 찾아볼게요.

라이언 : 네, 감사합니다.

라이언씨는 무슨 결심을 했습니까?

라이언 씨는 어떤 방을 찾습니까?

204

어휘와 표현

고민	힘들다	월세
아마	이사	난방
자취	보증금	편리하다

1 고민

가 : 무슨 고민이 있어요? 얼굴이 안 좋아 보여요.

나 : 아니요, 고민 없어요.

가 : 고민이 있으면 저한테 이야기해 주세요.

2 자취

가 : 진웨이 씨는 기숙사에 살아요?

나 : 아니요, 기숙사에 살았는데 지금은 자취를 해요.

😊 자취 집, 하숙집, 기숙사

3 아마

이 김밥은 아마 제 친구가 샀을 거예요.

지은 씨는 지금 아마 중국에 있을 거예요.

4 보증금

보증금도 싸고 월세도 싼 집이 있으면 좋겠어요.

전세는 보증금이 비싼 대신에 오래 살 수 있어서 좋아요.

보증금이 싸면 월세가 비싸고, 보증금이 비싸면 월세가 싸요.

😊 전세, 월세

205

 문법

① V-아/어야겠다

-아야겠다	ㅏ, ㅗ일 때	가다 ⇒ 가야겠다
-어야겠다	ㅏ, ㅗ가 아닐 때	먹다 ⇒ 먹어야겠다
-해야겠다	'하다'일 때	공부하다 ⇒ 공부해야겠다

살이 쪄서 오늘부터 운동을 해야겠어요.

이번 방학에는 꼭 고향에 다녀와야겠어요.

오늘은 몸이 아파서 집에 일찍 가야겠어요.

연습 1 [보기]와 알맞은 대화를 쓰십시오.

보기

가 : 요즘 우리 일이 너무 많지요?

나 : (쉬다) 오늘은 좀 쉬어야겠어요.

(1) 가 : 비가 오는군요.

　　나 : (택시를 잡다) _____ .

(2) 가 : 오늘은 길이 많이 막히는군요.

　　나 : (지하철을 타다) _____ .

(3) 가 : 오늘은 꽤 춥군요.

　　나 : (옷을 많이 입다) _____ .

연습 2 [보기]와 같이 대화를 만들어 보십시오.

보기

가 : 선생님은 글씨가 예쁜 사람이 좋아요.

나 : 그럼 저도 이제부터 글씨를 예쁘게 써야겠어요.

(1) 가 : 담배를 피우면 건강에 좋지 않아요.

　　나 : 네, 오늘부터 _____ .

(2) 가 : 기말 시험이 어려울 것 같아요.

　　나 : 맞아요. 이제부터 _____ .

(3) 가 : 아직도 배가 아파요?

　　나 : 네, 배가 아프니까 _____ .

② V-는 곳

저기가 표 사는 곳입니다.

택시 타는 곳은 여기입니다.

가 : 도서관은 책을 사는 곳입니까?

나 : 아니요, 도서관은 책을 사는 곳이 아닙니다. 책을 읽는 곳입니다.

연습 1 [보기]와 같이 문형연습을 해 봅시다.

> **보기**
>
> 집 ☞ 집은 쉬는 곳입니다.

(1) 극장 ☞ ....

(2) 부엌 ☞ ....

(3) 은행 ☞ ....

(4) 회사 ☞ ....

(5) 백화점 ☞ ....

(6) 운동장 ☞ ....

연습 2 그림을 보고 [보기]와 같이 대화를 만들어 보십시오.

> **보기**
>
>
>
> 가 : 여기에서 사진을 찍어도 됩니까?
>
> 나 : 아니요, 여기는 사진을 찍는 곳이 아닙니다.
> 여기에서 사진을 찍으면 안 됩니다.

(1)  가 : ....

나 : ....

....

(2) 가 : ....

나 : ....

....

207

③ A/V-을/ㄹ지 모르겠다　N일지 모르겠다

-을지 모르겠다	받침 있을 때	많다 ⇒ 많을지 모르겠다
-ㄹ지 모르겠다	받침 없을 때 받침 'ㄹ'일 때	오다 ⇒ 올지 모르겠다 살다 ⇒ 살지 모르겠다

친구가 이 선물을 좋아할지 모르겠어요.
진웨이 씨가 주말에 무엇을 할지 모르겠어요.
기말시험을 잘 볼 수 있을지 모르겠어요.
호앙 씨가 아파서 학교에 올 수 있을지 모르겠어요.

연습 1　[보기]와 같이 알맞은 대답을 써 보십시오.

> 가 : 저 영화가 재미있을까요?
> 나 : 글쎄요. 재미있을지 모르겠어요.

(1) 가 : 라이언 씨가 술을 잘 마실까요?
　　나 : 글쎄요, _____ .

(2) 가 : 준코 씨가 무엇을 사 올까요?
　　나 : 글쎄요, _____ .

(3) 가 : 내일 날씨가 좋을까요?
　　나 : 글쎄요, _____ .

연습 2　[보기]와 같이 대화를 만들어 보십시오.

> 가 : 호앙 씨가 집에 몇 시에 와요?
> 나 : 호앙 씨가 몇 시에 올지 모르겠어요.

(1) 가 : 이번 방학에 뭘 할 거예요?
　　나 : _____ .

(2) 가 : 무슨 책이 읽기 쉬울까요?
　　나 : _____ .

(3) 가 : 제주도는 어느 계절에 여행을 가면 좋을까요?
　　나 : _____ .

듣기

새 단어 　부동산　　게시판　　마음에 들다　　지하

문제 1　다음을 잘 듣고 <u>틀린</u> 대화를 고르십시오. (　　　)

　　　　　　① 　　　　　　　② 　　　　　　　③ 　　　　　　　④

※ 【2~3】 다음을 잘 듣고 질문에 답하십시오.

문제 2　이 사람은 지금 무엇을 찾고 있습니까? (　　　)

　　　① 하숙집　　　　　② 자취 집　　　　③ 기숙사　　　　④ 전세

문제 3　다음 중 들은 내용과 같은 것을 고르십시오. (　　　)

　　① 값이 싸면 지하방에서도 살 수 있습니다.

　　② 부동산에서 소개해 준 집은 가 보지 않았습니다.

　　③ 광고를 보고 구경한 집은 마음에 들지 않았습니다.

　　④ 학교 근처라서 방값이 싸지만 마음에 들지 않았습니다.

 읽기

※ 다음을 광고를 읽고 질문에 답하십시오.

전세	월세
〈경기 아파트〉 방 2개, 주방, 화장실 매우 깨끗함 7층 보증금 6,000만 원	〈연무동 원룸〉 방 1개, 주방, 화장실 경기대학교까지 걸어서 5분 보증금 500만 원 월 30만 원

하숙집
〈광교 하숙〉 • 경기대학교 정문 앞 • 아침, 저녁 식사 제공 • 깨끗하고 조용한 방, 맛있는 식사, 친절한 주인 아주머니 • 보증금 200만 원 　　　월 45만 원

문제 1　윗글과 같은 내용을 고르십시오. (　　　)

① 연무동 원룸에서 살면 학교까지 가기가 힘듭니다.

② 요리하기를 좋아하지 않으면 원룸에서 살면 됩니다.

③ 하숙집은 보증금이 비싼 대신에 월세가 싼 것 같습니다.

④ 경기 아파트는 보증금이 비싼 대신에 방이 아주 깨끗합니다.

문제 2　아래의 사람들은 어떤 집을 찾고 싶을까요? 위에서 찾아서 쓰십시오.

(1) 저는 요리하는 것이 싫어요. 집처럼 밥을 먹으면 좋겠어요.

....

(2) 저는 넓고 깨끗한 집이 좋아요. 그리고 매달 돈을 내는 것이 싫어요.

....

쓰기

※ 여러분은 어떤 방에서 살고 싶습니까? 다음 문법으로 써 보십시오.

> V-기가 A   A/V-(으)면 좋겠다   V-는 곳   V-고 싶다   V-아/어야겠다   A/V-을/ㄹ지 모르겠다

19

LESSON

꼭 찾을 테니까
걱정하지 마세요

학습 목표   • 걱정 표현   • 위로하기

문 법   1. V-는 동안(에)
2. A/V-을/ㄹ 테니까   N일 테니까   〈추측〉
3. V-을/ㄹ 테니까   〈의지〉

물건을 잃어버리면 어떻게 해야 합니까?

여러분은 중요한 물건을 잃어버려 봤습니까? 기분이 어땠습니까?

본문

수원역에서 호앙 씨와 정우 씨가 이야기하고 있습니다.

호앙 : 아이고, 이런…….

정우 : 왜요? 호앙 씨, 무슨 일이에요?

호앙 : 어떻게 하면 좋지요? 제가 가방을 지하철에 놓고 내렸어요.

정우 : 큰일이군요. 가방 안에 중요한 것이 많이 있어요?

호앙 : 아니요. 중요한 것은 많지 않지만 그 가방은 너무 소중해서 꼭 찾아야 해요.

정우 : 그래요? 왜 가방을 놓고 내렸어요?

호앙 : 지하철을 타고 가는 동안에 음악을 듣고 있어서 가방 생각을 못 했어요.
　　　어떻게 하면 찾을 수 있을까요?

정우 : 이 역 안에 유실물 센터가 있을 거예요. 거기에 가서 호앙 씨의 가방에 대해서
　　　이야기합시다.

호앙 : 못 찾으면 안 되는데……. 찾을 수 있겠지요?

정우 : 꼭 찾을 테니까 너무 걱정하지 마세요.

호앙 : 알겠어요. 정우 씨의 말처럼 찾을 수 있을 테니까 마음 편하게 기다릴게요.

정우 : 그럼 저쪽으로 빨리 가 봅시다.

　　　호앙 씨는 무엇을 잃어버렸습니까?

　　　두 사람은 지금 어디로 가려고 합니까?

어휘와 표현

아이고	이런	놓다
소중하다	유실물 센터(=분실물 센터)	잃어버리다
꼭	마음	

1 아이고

우리 할머니는 무릎이나 허리가 아프시면 "아이고, 아프다." 말씀하십니다.

가 : 전화 잘못 거셨는데요.
나 : 아이고, 미안합니다.

2 (N에) N을/를 놓다 [두다]

컴퓨터 위에 무거운 것을 놓지 마세요.

가 : 이 컴퓨터를 어디에 둘까요?
나 : 저기 책상 위에 놓으세요.

3 소중하다

가방 안에 소중한 것이 많이 있어요.
저는 이 세상에서 가족이 제일 소중합니다.

4 꼭

저는 나중에 세계여행을 꼭 할 거예요.

가 : 내일까지 숙제를 해 오세요.
나 : 선생님, 꼭 내일까지 해야 해요?

215

 문법

1 V-는 동안(에)

가 : 한국어를 배우는 동안에 어땠어요?

나 : 한국어를 배우는 동안에 너무 재미있었어요.

가 : 도서관에서 공부하는 동안에 무슨 일 있었어요?

나 : 내가 공부하는 동안 옆에 앉은 사람이 계속 이야기해서 시끄러웠어요.

연습 1 문형연습을 해 봅시다.

동사(V)	-는 동안(에)	동사(V)	-는 동안(에)
쉬다		듣다	
사다		걷다	
가다		돕다	
오다	☞	앉다	☞
보다		찍다	
자다		읽다	
*만들다		웃다	
*놀다		씻다	

연습 2 [보기]와 같이 알맞은 질문을 만들어 보십시오.

보기

가 : (보다) 영화를 보는 동안에 기분이 어땠어요?

나 : 아주 무서웠어요.

(1) 가 : (음악을 듣다) _____?

　　나 : 기분이 좋았어요.

(2) 가 : (여행을 하다) _____?

　　나 : 여행을 하면서 기분이 나빴어요.

(3) 가 : (책을 읽다) _____?

　　나 : 책이 어려워서 너무 힘들었어요.

② A/V-을/ㄹ 테니까 N일 테니까 〈추측〉

-을 테니까	받침이 있을 때	먹다 ⇒ 먹을 테니까
-ㄹ 테니까	받침이 없을 때 받침 'ㄹ'일 때	오다 ⇒ 올 테니까 팔다 ⇒ 팔 테니까

가 : 하늘에 구름이 많고 흐리네요.

나 : 오늘 오후에는 비가 올 테니까 우산을 가져가세요.

가 : 김 선생님께 전화해야 하는데 지금 댁에 계실까요?

나 : 지금은 학교에 계실 테니까 학교로 전화해 보세요.

연습 1 문형연습을 해 봅시다.

형용사/동사 (A/V)	-을/ㄹ 테니까	명사(N)	일 테니까
가다		학생	
빠르다			
먹다		생일	
좋다	☞		☞
*돕다		친구	
*춥다			
*놀다		숙제	
*듣다			

연습 2 [보기]와 같이 문장을 완성해 보십시오.

> **보기**
>
> 내일 손님이 오실 거예요. 그러니까 과일을 사러 시장에 갑시다.
>
> → 내일 손님이 오실 테니까 과일을 사러 시장에 갑시다.

(1) 선생님께서 전화하실 거예요. 그러니까 전화를 기다립시다.

☞ _____.

(2) 다음 주에 시험을 볼 거예요. 그러니까 우리는 다음에 만납시다.

☞ _____.

(3) 주말에는 극장에 사람이 많을 거예요. 그러니까 미리 예매를 하는 게 어때요?

☞ _____.

(4) 아기가 잘 거예요. 그러니까 조용히 하세요.

☞ _____.

3 V-을/ㄹ 테니까 〈의지〉

선생님이 다시 천천히 설명할 테니까 잘 들으세요.
내가 밥을 살 테니까 영화표는 호앙 씨가 예매하세요.
여행 준비는 내가 할 테니까 현수 씨는 오기만 하면 돼요.

연습 1 다음 [보기]와 같이 대화를 완성하십시오.

> **보기**
> 가 : 은행에 가야 하는데 기다려 줄 수 있어요?
> 나 : (기다리다) 네, 기다릴 테니까 다녀오세요.

(1) 가 : 집들이에 초대 받았는데, 선물을 살 시간이 없어요.

　　나 : (사다) 제가 _____.

(2) 가 : 친구들과 놀러 가려고 하는데 카메라가 없어요.

　　나 : (빌려 주다) 제가 _____.

(3) 가 : 언제까지 담배를 피울 거예요? 건강에 좋지 않아요.

　　나 : (끊다) 제가 곧 _____ 너무 걱정하지 마세요.

연습 2 다음 [보기]와 같이 대화를 완성해 보십시오.

> **보기**
> 가 : 선생님, 이 문제를 잘 모르겠어요.
> 나 : 다시 한 번 설명할 테니까 칠판을 잘 보세요.

(1) 가: 내일까지 숙제를 해야 하는데 한국어를 잘 못해서 할 수 없어요.

　　나: _____ 걱정하지 마세요.

(2) 가: 오늘 제가 밥을 살게요.

　　나: 아니에요. 오늘은 _____ 호앙 씨는 다음에 밥을 _____.

(3) 가: 너무 바빠서 여행 계획을 못 세웠어요.

　　나: 여행 계획은 _____ 준코 씨는 _____.

듣기

새 단어 검은색 네모 모양 선반

문제 1 다음을 잘 듣고 질문에 <u>틀린</u> 대답을 고르십시오. (   )

① 잘 볼 수 있을 테니까 걱정하지 마세요.

② 시험은 쉬울 테니까 너무 걱정하지 마세요.

③ 그렇게 어렵지 않을 테니까 걱정하지 마세요.

④ 스트레스를 풀었을 테니까 너무 걱정하지 마세요.

문제 2 다음을 잘 듣고 들은 내용과 같은 것을 고르십시오. (   )

① 호앙 씨의 가방은 검은색 가방입니다.

② 호앙 씨는 가방을 의자 위에 두었습니다.

③ 호앙 씨는 자기 휴대폰 번호를 썼습니다.

④ 호앙 씨는 1시간 전에 열차를 탔습니다.

읽기

※ 다음을 읽고 질문에 답하십시오.

지갑을 찾습니다.

시험 기간에 도서관 1층 화장실에서 지갑을 잃어버렸습니다.

제 지갑은 네모 모양이고 빨간색입니다. 지갑 안에는 가족사진이 있습니다. 이 지갑은 부모님께서 대학교 입학 선물로 주신 것입니다. 오래되었지만 저에게 아주 소중합니다. 또 제 학생증과 버스카드, 친구들의 사진 등 중요한 것들이 많이 들어 있습니다. 가장 소중한 것은 가족사진과 친구들 사진입니다. 그 지갑에는 저의 추억이 많습니다.

제 지갑을 보신 분은 연락 주세요. 찾아 주시면 작은 선물을 드리겠습니다.

연락처 : 010-7670-5438 (박지은)

수업 중에는 전화를 받을 수 없으니까 문자를 보내 주세요.

추억 / 연락처 / 문자 / 보내다

문제 1   윗글의 내용과 <u>다른</u> 것을 고르십시오. (   )

① 지갑 안에는 돈이 많이 있습니다.

② 그 지갑은 빨간색이고 네모 모양입니다.

③ 지갑을 돌려주면 작은 선물을 줄 것입니다.

④ 박지은 씨는 지갑을 시험 기간에 잃어버렸습니다.

문제 2   이 지갑은 왜 소중합니까?

 **쓰기**

※ 여러분은 소중한 물건, 동물을 잃어버린 적이 있습니까? 물건이나 사람을 찾는 광고를 만들어 보십시오.

LESSON

20.

한국 축제 중에서 재미있기로 유명해요

여러분은 한국에서 축제에 가 본 적이 있습니까?

여러분 나라에는 어떤 유명한 축제가 있습니까?

본문

준코 씨와 왕밍 씨가 '궁 축제'에 대해서 이야기를 합니다.

준코 : 왕밍 씨, 혹시 '궁'을 알아요?

왕밍 : 아니요, 몰라요.

준코 : 옛날에 왕이 지낸 곳을 궁이라고 불러요. 창덕궁, 창경궁, 경복궁 등이 있어요.

왕밍 : 아, 경복궁에 간 적이 있어요.

준코 : 그럼, 이번 주말에 '궁 축제'에 같이 갈래요?

왕밍 : 네, 좋아요. 어디에서 궁 축제를 해요?

준코 : 한국의 수도 서울에서 5월마다 '오월의 궁'이라는 주제로 축제를 해요.
'오월의 궁 축제'는 한국 축제 중에서 재미있기로 유명해요.

왕밍 : 그렇군요. 축제에서 무엇을 할 수 있어요?

준코 : 축제 때 경복궁에 가면 옛날 세종대왕이 왕이 되는 것을 기념하는 행사를 볼
수 있어요. 창경궁에 가면 옛날 궁 생활도 직접 체험할 수 있고, 경희궁에 가면
뮤지컬도 볼 수 있어요.

왕밍 : 그렇군요. 정말 재미있을 것 같아요. 뭘 준비하면 돼요?

준코 : 낮에는 날씨가 덥지만 아침과 저녁에는 추우니까 긴 옷하고 모자를 가지고
오세요.

왕밍 : 알겠어요. 저는 카메라를 가지고 갈게요.

준코 : 네, 그리고 많이 걸을 테니까 꼭 운동화를 신고 오세요.

왕밍 : 네, 알겠어요. 고마워요.

두 사람은 이번 주말에 어디에 가려고 합니까?

궁 축제에서는 무엇을 할 수 있습니까?

어휘와 표현

혹시	기념	체험
직접	축제(festival)	궁
다양하다	수도	뮤지컬

1 **혹시**

혹시 진웨이 씨가 오면 나한테 전화해 주세요.

가 : 혹시 우리 어디서 만난 적이 있지요?
나 : 아, 맞아요. 지난 학기에 함께 수업을 들었어요.

2 **다양하다**

외국에 가면 다양한 경험을 할 수 있어서 좋아요.

가 : 비빔밥은 어떤 음식이에요?
나 : 콩나물, 오이, 고추장 등 다양한 것들이 들어 있는 음식이에요. 아주 맛있어요.

3 **직접**

이야기를 듣는 것보다 직접 가 보는 것이 더 좋을 거예요.

가 : 이거 무슨 맛이에요?
나 : 직접 한번 드셔 보세요.

4 **기념(하다)**

오늘은 제가 한국에 온 지 1년이 되는 날이어서 친구들과 함께 기념파티를 하려고 해요.

가 : 결혼기념일이 언제예요?
나 : 11월 14일이에요.

 문법

1 N을/를 가지고[데리고/모시고] 오다[가다]

가 : 내일은 날씨가 더울 테니까 모자와 물을 가지고 오세요.

나 : 네, 알겠습니다.

가 : 기숙사에 친구를 데리고 와도 돼요?

나 : 기숙사에는 친구를 데리고 오면 안 돼요.

연습 1 [보기]와 같이 질문에 대답하십시오.

> **보기**
>
> 가 : 내일 등산을 가는데 무엇을 가지고 가야 할까요?
>
> 나 : (음료수, 모자) 음료수하고 모자를 꼭 가지고 가세요.

(1) 가 : 친구 집에 가려고 하는데 무엇을 가지고 가야 해요?

　　나 : (꽃/주스) _____

(2) 가 : 수영장에 가려고 하는데 무엇을 가지고 가야 할까요?

　　나 : (수영복/수영 모자) _____

(3) 가 : 바다에 가는데 무엇을 가지고 가야 해요?

　　나 : (선글라스/모자) _____

연습 2 [보기]와 같이 질문에 대답하십시오.

> **보기**
>
> 가 : 식당에 무엇을 가지고 가면 안 돼요?
>
> 나: 다른 곳에서 산 음식을 가지고 가면 안 돼요.

(1) 가 : 비행기를 탈 때 무엇을 가지고 가면 안 돼요?

　　나 : _____

(2) 가 : 학교에 무엇을 가지고 오면 안 돼요?

　　나 : _____

(3) 가 : 도서관에 무엇을 가지고 오면 안 돼요?

　　나 : _____

② V-은/ㄴ 적(이) 있다[없다]

-은 적이 있다	받침 있을 때	먹다 ⇒ 먹은 적이 있다
-ㄴ 적이 있다	받침 없을 때 받침 'ㄹ'일 때	가다 ⇒ 간 적이 있다 살다 ⇒ 산 적이 있다

가 : 불고기를 처음 먹어 봐요?

나 : 아니요, 고향에서 먹은 적이 있어요.

가 : 제주도에 간 적이 있어요?

나 : 네, 제주도에 간 적이 있어요.

연습 1 [보기]와 같이 알맞은 대화를 만들어 보십시오.

> **보기**
>
> 가 : 어렸을 때 피아노를 배운 적이 있어요?
> 나 : 네, 배운 적이 있어요.

(1) 가 : (혼자 영화를 보다) _____ ?

　　나 : _____

(2) 가 : (태권도를 배우다) _____ ?

　　나 : _____

(3) 가 : (유명한 사람을 만나다) _____ ?

　　나 : _____

연습 2 여러분 다음 중에서 무엇을 해 봤습니까? 해 본 적이 있는 것에 표시를 하고 친구와 이야기해 보십시오.

	나	친구:
거짓말을 하다		
텔레비전에 나오다		
친구와 같이 여행을 가다		
도서관에서 책을 빌리다		

3 A/V-기로 유명하다   N(으)로 유명하다

N으로	받침 있을 때	음악 ⇒ 음악으로 유명하다
N로	받침 없을 때 받침 'ㄹ'일 때	커피 ⇒ 커피로 유명하다 물 ⇒ 물로 유명하다

가 : 수원은 무엇으로 유명해요?

나 : 수원은 화성행궁으로 유명해요.

가 : 이 식당에는 왜 이렇게 사람들이 많아요?

나 : 이 식당은 맛있기로 유명해서 사람들이 항상 많아요.

연습 1   [보기]와 같이 문장을 만들어 보십시오.

> 보기
>
> 전주는 비빔밥으로 유명해요.

(1) 제주도는 _____ .

(2) 우리 고향은 _____ .

(3) 한국은 _____ .

연습 2   [보기]와 같이 알맞은 대답을 쓰십시오.

> 보기
>
> 가: 남대문 시장에 가 봤어요?
>
> 나: 그럼요, 남대문 시장은 싸기로 유명해서 가 봤어요.

(1) 가: 서울은 집값이 너무 비싸요. 중국도 집값이 비싸요?

　　나: 그럼요. 중국에서 베이징은 _____ .

(2) 가: 현수 씨, 브라질이라는 나라를 알아요?

　　나: 물론이지요. 브라질은 _____ .

(3) 가: 수원에서는 무슨 음식이 가장 맛있어요?

　　나: 갈비를 먹어 보세요. 수원은 _____ .

 듣기

문제 1   다음을 잘 듣고 질문에 알맞은 대답을 고르십시오. (   )

① 그 친구 집에 가는 게 어때요?

② 친구를 초대하려면 주말에 하세요.

③ 친구 집에 갈 때 과일을 사 가세요.

④ 그 친구를 집에 초대한 적이 있어요.

문제 2   다음을 잘 듣고 질문에 알맞은 대답을 고르십시오. (   )

① 네, 유명한 곳에 여행을 갈 거예요.

② 네, 어디로 여행을 갈지 모르겠어요.

③ 네, 한국에서 여행을 간 적이 없어요.

④ 네, 제주도가 아름답기로 유명해서 가 봤어요.

읽기

※ 다음을 읽고 질문에 답하십시오.

저는 지난 주말에 왕밍 씨와 함께 '오월의 궁'이라는 궁 축제에 갔습니다. 그 축제에는 재미있는 행사가 많았는데 경복궁에서 옛날 군인들의 모습과 왕의 모습을 볼 수 있었습니다. 우리는 경복궁에서 사진도 찍고 옛날 전통 음악을 들으면서 춤도 추었습니다.

그리고 바로 창경궁에 갔습니다. 거기에서 한국의 전통 옷을 입고 체험을 해 봤습니다. 또 여기에서 우리는 왕이 다니는 길과 신하가 다니는 길이 다른 것을 처음 알았습니다. 궁에 있는 침실, 부엌, 공부방에도 직접 가 봤습니다. 그리고 궁에 사는 사람들의 하루를 체험해 보았습니다. 너무 재미있어서 저녁이 된 것도 몰랐습니다. 우리는 배가 고파서 불고기를 먹고 집으로 왔습니다. 조금 피곤했지만 재미있는 주말이었습니다.

군인 / 신하 / 침실

문제 1   이 사람은 언제 어디에 갔습니까? 쓰십시오.

언제 : ....

어디 : ....

문제 2   윗글의 내용과 맞는 것을 고르십시오. (   )

① 궁 축제에서 다양한 체험을 할 수 있습니다.

② '오월의 궁'은 경복궁에서만 축제를 합니다.

③ 집에 오기 전에 식당에서 갈비를 먹었습니다.

④ 창경궁에서 춤도 추고 사진도 찍을 수 있었습니다.

말하기

※ 여러분은 한국의 축제에 가 본 적이 있습니까?

....

※ 어떤 축제가 제일 기억에 남습니까?

....

쓰기

※ 감상문을 쓸 때 필요한 내용을 생각해 보고 여러분이 다녀온 문화수업 감상문을 써 보십시오.

1	제목	
2	언제	
3	어디에서	
4	무엇을	
5	왜	
6	어떻게	
7	느낌	
8	생각	

21
LESSON

가다가 모르면
저에게 전화하세요

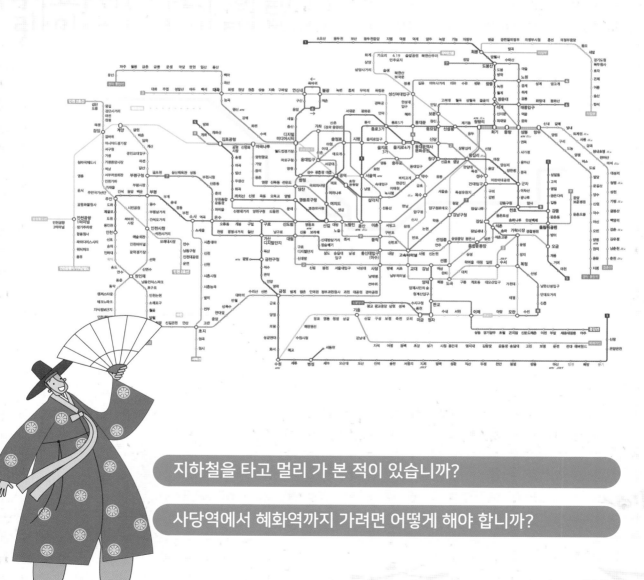

지하철을 타고 멀리 가 본 적이 있습니까?

사당역에서 혜화역까지 가려면 어떻게 해야 합니까?

233

본문

지영 씨와 율리아 씨가 지하철 노선도를 보면서 이야기합니다.

율리아 : 내일 친구와 연극을 보려고 약속을 해서 대학로 마로니에 공원에 가야 해요.
거기까지 가려면 어떻게 해야 돼요?

지　영 : 연극이요?　재미있겠어요. 먼저 학교 후문에서 7000번 버스를 타고 가다가
사당역에서 내려야 해요. 내려서 곧장 걸어가면 지하철역이 있어요.
거기에서 4호선을 타면 돼요.

율리아 : 버스에서 지하철로 갈아타면 환승 할인이 돼요?

지　영 : 네, 물론이에요. 사당역에서 당고개행 열차를 타고 30분쯤 가면 혜화역인데,
혜화역 2번 출구로 나가면 돼요.

율리아 : 그럼 바로 마로니에 공원이에요?

지　영 : 2번 출구로 나가서 조금 걸으면 사거리예요. 사거리에서 오른쪽으로 돌면
건너편에 패스트푸드점이 있는데, 그 옆 골목으로 들어가면 마로니에 공원
이에요.

율리아 : 좀 복잡하네요. 혜화역부터는 제가 찾아 갈게요.

지　영 : 네, 가다가 모르면 저에게 전화하세요.

대학로에 가려면 어떻게 해야 합니까?

혜화역에서 어떻게 가면 대학로가 나옵니까?

어휘와 표현

지하철 노선도	할인	출구	패스트푸드점
복잡하다	들어가다	돌다	건너편
곧장	-행	골목	환승

1 곧장

이쪽으로 곧장 가면 도서관이에요.

곧장 가다가 왼쪽으로 돌면 약국이에요.

학교가 끝나고 곧장 기숙사로 돌아갔습니다.

호앙 씨는 저녁 식사를 하고 곧장 자기 방으로 들어갔어요.

2 N행

수원행 열차를 타야 해요.

부산행 기차를 타고 가다가 경주에서 내렸어요.

미국행 비행기를 타실 분은 지금 6번 게이트로 오십시오.

3 들어가다[오다]

얼른 들어오세요. 기다리고 있었어요.

이렇게 더운 날에는 수영장에 들어가서 수영을 하고 싶어요.

☺ 대학교에 들어가면 열심히 공부할 거예요.

4 N(으)로 돌다

정문에서 왼쪽으로 도세요.

화장실에서 오른쪽으로 돌면 편의점이에요.

교실에서 나가서 오른쪽으로 돌면 화장실이에요.

문법

1 V₁ -다가 V₂

TV를 보다가 잠이 들었어요.
밥을 먹다가 전화를 받았어요.
길을 가다가 선생님을 만났어요.

연습 1 [보기]와 같이 문형연습을 해 봅시다.

> **보기**
> 컴퓨터를 하다 / 자다
> ☞ 컴퓨터를 하다가 잤어요.

(1) 곧장 가다 / 왼쪽으로 돌다 ☞ _____.

(2) 학교에 오다 / 서점에 가다 ☞ _____.

(3) 잠을 자다 / 일어나다 ☞ _____.

연습 2 [보기]와 같이 대화를 만들어 보십시오.

> **보기**
> 가 : 어제 수원역에 갔어요?
> 나 : 아니요, 버스를 타고 가다가 내렸어요.

(1) 가 : 어제 집에 일찍 갔어요?

　　나 : 아니요, _____.

(2) 가 : 쓰기 숙제를 다 했어요?

　　나 : 아니요, _____.

(3) 가 : 그 책 재미있지요? 많이 읽었어요?

　　나 : 아니요, _____.

② V-(으)면 N(이)다 [N이/가 있다] 〈위치〉

오른쪽으로 돌면 식당이에요.

버스에서 내리면 경기대학교예요.

저쪽에서 오른쪽으로 가면 도서관이 있어요.

연습 1 [보기]와 같이 문형연습을 해 봅시다.

> **보기**
>
> 동대문역에서 내리다 / 동대문 시장
>
> ☞ 동대문역에서 내리면 동대문 시장이에요.

(1) 교실에서 나가다 / 화장실 ☞ ....

(2) 정문에서 내려가다 / 시장 ☞ ....

(3) 아래로 곧장 가다 / 후문 ☞ ....

연습 2 그림을 보고 [보기]와 같이 대화를 만들어 보십시오.

> **보기**
>
>
>
> 가 : 호앙 씨 집이 어디예요?
>
> 나 : 지금 버스에서 내리면 우리 집이에요.

(1) 가 : 여기에서 왼쪽으로 가면 뭐가 있어요?

   나 : ....

(2) 가 : 어디에서 내리면 AK백화점이에요?

   나 : ....

(3) 가 : 선생님 댁에 어떻게 가야 돼요?

   나 : ....

3 A/V-겠- 〈추측〉

오늘 날씨가 흐린 걸 보니까 내일은 비가 오겠어요.

가 : 지난 방학 때 부모님과 같이 여행을 했어요.
나 : 정말 좋았겠어요.

연습 1 [보기]와 같이 알맞은 대화를 만들어 보십시오.

> **보기**
> 가 : 제 딸이 좋은 대학교에 들어갔어요.
> 나 : (좋다) 정말 좋으시겠어요.

(1) 가 : 다음 달에 친구와 여행을 하려고 해요.

　　나 : (재미있다) _____.

(2) 가 : 제가 만든 과자예요. 한 번 드셔보세요.

　　나 : (맛있다) _____.

(3) 가 : 어제 12시간동안 일했어요.

　　나 : (피곤하다) _____.

연습 2 [보기]와 같이 알맞은 대화를 만들어 보십시오.

> **보기**
> 가 : 작년 제 생일에는 생일 선물을 많이 받았어요.
> 나 : (좋다) 정말 좋았겠어요.

(1) 가 : 어제 친구들과 저희 집에서 늦게까지 놀았어요.

　　나 : (재미있다) _____.

(2) 가 : 어제는 하루 종일 아무것도 못 먹었어요.

　　나 : (배고프다) _____.

(3) 가 : 왕밍 씨가 탄 비행기는 어디쯤 갔을까요?

　　나 : (도착하다) _____.

듣기

새 단어  어리다

※ 【1~2】 다음을 잘 듣고 질문에 답하십시오.

문제 1   이 사람이 출근하려면 시간이 얼마나 걸립니까? 쓰십시오.

....

문제 2   들은 내용과 같은 것을 고르십시오. (   )

① 회사까지 가는 버스는 환승할인이 안 됩니다.

② 집에서 지하철역까지 멀어서 가기가 힘듭니다.

③ 출근 전에 회사 근처 빵집에서 빵과 커피를 삽니다.

④ 집에서 회사까지 시간은 오래 걸리지 않지만 이사하려고 합니다.

문제 3   다음 중 '-겠-'의 뜻이 <u>다른</u> 것을 고르십시오. (   )

①   ②   ③   ④

※ 다음을 읽고 질문에 답하십시오.

> 율리아 : 경기대학교까지 가려면 어떻게 가야 해요?
>
> 아저씨 : 경기대학교요? 건너편 버스 정류장에서 11번 버스를 타면 돼요.
>
> 율리아 : 환승해야 해요?
>
> 아저씨 : 아니요, 버스를 타고 30분 정도 가다가 경기대학교 앞에서 내리세요.
>
> 율리아 : 아, 그럼 가기가 편하겠네요.
>
> 아저씨 : 버스에서 내려서 곧장 가다가 오른쪽으로 돌면 편의점이 있어요.
>   편의점을 지나서 두 번째 사거리에서 횡단보도를 건너면 경기대학교예요.
>
> 율리아 : 네, 정말 고맙습니다.
>
> 횡단보도 / 건너다

문제 1 윗글의 내용과 같은 것을 고르십시오. (   )

① 경기대학교에 갈 때 한 번 갈아타야 합니다.

② 경기대학교에 가려면 편의점을 지나야 합니다.

③ 버스에서 내려서 곧장 가면 횡단보도가 있습니다.

④ 두 번째 사거리를 가기 전에 경기대학교가 있습니다.

문제 2 경기대학교가 어디에 있습니까? 지도를 그려 보십시오.

쓰기

※ 여러분 집에는 어떻게 갑니까? 학교에서 집까지 가는 지도를 그리고 설명해 보십시오.

22

LESSON

평일보다는 토요일이 좋지 않아요?

학습 목표 • 약속 표현   • 확인하기

문   법 1. A/V-지 않아요?   N 아니에요?
          2. (N와/N과) V-기로 하다[약속하다, 결심하다]

여러분은 보통 어디에서 친구를 만납니까?

여러분은 보통 친구와 어떤 약속을 합니까?

본문

호앙 씨와 왕밍 씨가 이야기를 합니다.

호앙 : 왕밍 씨, 오늘 저녁에 별일 없으면 저와 같이 영화 보러 갈래요?

왕밍 : 오늘 저녁이요? 오늘 저녁에는 친구와 같이 도서관에 가서 공부하기로 약속했어요. 평일에는 할 일도 많은데 평일보다는 토요일이 좋지 않아요?

호앙 : 맞아요. 주말엔 다음 날 숙제 걱정도 없으니까요.

왕밍 : 무슨 영화를 볼까요?

호앙 : 왕밍 씨, 보고 싶은 영화가 있어요?

왕밍 : 저는 최근에 개봉한 영화를 봤으면 좋겠어요.

호앙 : 와, 저도 그래요.

왕밍 : 정말이요? 잘됐네요. 어디에서 영화를 볼까요?

호앙 : 수원역에 있는 극장이 넓고 근처에 식당도 많아요. 주말에는 미리 예매하는 것이 좋으니까 제가 할게요.

왕밍 : 진짜요? 그러면 호앙 씨가 귀찮지 않아요?

호앙 : 아니에요. 괜찮아요.

왕밍 : 고마워요. 그럼 제가 밥을 살게요. 몇 시에 만날까요?

호앙 : 1시쯤에 만나기로 해요.
오늘 저녁에 기숙사에 가서 예매를 하고 다시 연락할게요.

두 사람은언제 영화를 볼 겁니까?

왜 그렇게 하기로 했습니까?

244

어휘와 표현

별일 없다	미리	귀찮다	개봉하다
평일	최근(에)	예매하다	

1 별일 없다

별일 없으면 집에 가서 꼭 전화를 주세요.

가 : 별일 없으면 오늘 저녁에 식사를 같이 할까요?
나 : 오늘은 약속이 있어요. 다음에 같이 먹어요.

2 미리

여행 준비를 미리 하면 나중에 힘들지 않아요.

가: 영화가 시작하려면 시간이 좀 남는데 뭘 할까요?
나: 팝콘이랑 콜라를 사야 하니까 미리 갑시다.

3 귀찮다

가: 왜 밥을 안 먹었어요?
나: 요리하기가 너무 귀찮아서 그냥 안 먹었어요.

가: 저 지금 기분이 안 좋으니까 귀찮게 하지 마세요.
나: 알았어요.

문법

1 A/V-지 않아요?　N 아니에요?

가 : 저 남자 너무 예쁘지 않아요?
나 : 네? 여자 아니에요?

가 : 이번 주 토요일에 수원역 앞에서 만나는 게 어때요?
나 : 거기까지 너무 멀지 않아요? 그냥 학교 앞에서 만납시다.

연습 1 [보기]와 같이 알맞은 질문을 만들어 보십시오.

> **보기**
>
> 가 : (좁다) 방이 좀 좁지 않아요?
> 나 : 방이 좁아요? 저는 괜찮은데요.

(1) 가 : (쉬다) _____ ?
　　나 : 아니요, 오늘은 쉬는 날이 아니에요.

(2) 가 : (귀엽다) _____ ?
　　나 : 네, 정말 귀여운 강아지네요.

(3) 가 : (춥다) _____ ?
　　나 : 네, 오늘 날씨가 너무 춥네요.

연습 2 [보기]와 같이 알맞은 대화를 만들어 보십시오.

> **보기**
>
> 가 : 소금 좀 주세요.
> 나 : 너무 짜지 않아요?

(1) 가 : 창문 좀 닫아 주세요.
　　나 : _____ ?

(2) 가 : 음악 소리를 좀 크게 해 주세요.
　　나 : _____ ?

(3) 가 : 가방을 저한테 다 주세요.
　　나 : _____ ?

(4) 가 : 에어컨을 켜 주세요.
　　나 : _____

② (N와/과) V−기로 하다[약속하다, 결심하다]

가 : 수원역 앞에서 7시에 만나기로 해요.

나 : 네, 그러면 이따 저녁에 만나요.

가 : 이번 어린이날에 동생에게 무엇을 선물할 거예요?

나 : 인형을 사 주기로 동생과 약속했어요.

연습 1 [보기]와 같이 질문에 대답하십시오.

> **보기**
>
> 가 : 도서관에 언제 갈 거예요?
>
> 나 : 친구와 오후 세 시에 가기로 했어요.

(1) 가 : 언제 같이 저녁을 먹을까요?

　　나 : _____ .

(2) 가 : 여자 친구 생일에 무엇을 할 거예요?

　　나 : _____ .

(3) 가 : 주말에 같이 만나서 식사할래요?

　　나 : _____ .

(4) 가 : 수업이 끝나고 같이 집에 갈까요?

　　나 : _____ .

(5) 가 : 준코 씨, 방학 때 무엇을 할 거예요?

　　나 : _____ .

(6) 가 : 문화 수업 때 누구와 같이 사진을 찍을 거예요?

　　나 : _____ .

듣기

새 단어 배터리 벌써

문제 1 다음을 잘 듣고 질문에 알맞은 대답을 고르십시오. (   )

① 네, 안 가까워요.

② 네, 별로 가까워요.

③ 아니요, 안 가까워요.

④ 아니요, 너무 가까워요.

문제 2 다음을 잘 듣고 질문에 알맞은 대답을 고르십시오. (   )

① 와! 정말 좋겠네요.

② 아니요, 안 탈 거예요.

③ 그럼요, 저도 탈 거예요.

④ 와! 정말 재미있었겠군요.

문제 3 다음 중 맞는 것을 고르십시오. (   )

① 왕밍 씨는 약속 시간을 잘 몰랐습니다.

② 왕밍 씨는 약속 장소를 잘못 알았습니다.

③ 왕밍 씨는 버스를 잘못 타서 늦게 왔습니다.

④ 왕밍 씨는 약속 시간보다 30분 정도 늦었습니다.

 읽기

※ 다음을 읽고 질문에 답하십시오.

 호암 씨 보세요.

호암 씨, 제가 전화를 했는데 안 받아서 메모를 써요.

오늘 약속 시간에 한 시간쯤 늦을 것 같아요.

제가 오늘 휴대폰을 안 가지고 왔어요.

지금 친구와 함께 있으니까 이 번호로 전화 주세요. (왕호 010-1123-4567)

제가 그 친구와 1시 30분에 헤어지지만 그 후에도 이 메모를 보면 친구에게 꼭 전화를 해 주세요. 제가 친구에게 전화를 해 볼게요.

늦게 연락해서 미안해요. 이따가 약속 장소에서 만나요.

왕밍

문제 1 윗글의 내용과 <u>다른</u> 것을 고르십시오. (　　　)

① 왕밍은 오늘 휴대폰을 안 가지고 왔습니다.

② 왕밍은 오늘 약속 시간에 늦을 것 같습니다.

③ 호앙은 이 메모를 보면 왕호에게 전화를 할 것입니다.

④ 호앙이 2시에 이 메모를 보면 전화를 하지 않을 겁니다.

 말하기

※ 여러분은 약속 시간을 잘 지킵니까? 약속 시간에 많이 늦으면 어떻게 합니까?

_____

※ 여러분은 친구가 약속을 지키지 않으면 어떻게 합니까?

_____

 **쓰기**

※ 오늘 친구가 아파서 학교에 안 왔어요. 그래서 내가 친구에게 숙제를 줘야 해요. 그래서 내가
   친구의 숙제를 대신 받았어요. 친구에게 숙제를 주려고 친구 집에 갔는데 친구가 집에 없어요.
   그 친구에게 메모를 써 봅시다.

memo

23
LESSON

다른 좌석 중에서 괜찮은 자리가 있나요?

학습 목표 • 순서 표현 • 의견 묻기

문　법
1. V-(으)려고요
2. A-은/ㄴ가요? V-나요? N인가요?
3. V-은/ㄴ 다음에　〈순서〉

극장에서 영화를 볼 때 표를 어떻게 삽니까?

영화표를 예매해 본 적이 있습니까? 어떻게 예매합니까?

253

본문

기숙사에서 호앙 씨가 인터넷을 하고 있습니다.

호앙: 정우 씨, 좀 도와주세요. 한글이라서 하나도 모르겠어요.

정우: 무슨 일 때문에 그래요? 좀 봅시다. 아, 영화표를 예매하려고요?

호앙: 네, 내일 왕밍 씨랑 지난 주말에 개봉한 영화를 보러 가기로 했어요. 그런데 거기 가서 영화표를 사면 너무 불편할 것 같아서 미리 인터넷으로 예매를 하려고요.

정우: 그렇군요. 먼저 여기에서 보고 싶은 영화를 선택한 다음에 극장을 선택해요. 어디에서 보려고 해요?

호앙: 수원역에 있는 경기극장에서 보려고요. 시간은 11시쯤이 좋을 것 같아요.

정우: 날짜는 내일이지요? 11시 20분 표가 있군요. 자리는 어디쯤에 앉고 싶은가요?

호앙: 가운데에 앉았으면 좋겠어요.

정우: 내일이 주말이라서 가운데 자리는 이제 없군요. 가운데 자리에 앉고 싶으면 며칠 전에 미리 예매해야 해요.

호앙: 할 수 없지요. 그러면 다른 좌석 중에서 괜찮은 자리가 있나요?

정우: 이 자리는 어떤가요? 좀 오른쪽이지만 보기 불편하지는 않을 거예요.

호앙: 그 자리도 좋아요. 두 장을 예매해 주세요.

정우: 이제 호앙 씨가 직접 한번 해 보세요. 여기에 신용카드 번호와 비밀번호, 카드 유효기간을 쓰고 외국인 등록번호를 쓰면 돼요.

호앙: 네, 정우 씨. 고마워요. 내일 다녀오면서 맛있는 것을 사 올게요.

> 호앙 씨는 어디에 앉고 싶었습니까?

> 인터넷 예매하는 순서는 어떻게 됩니까?

어휘와 표현

인터넷	다녀오다	가운데	유효기간
선택하다	자리	좌석	

1 (N을/를) 선택하다

둘 중에서 하나만 선택해야 해요.
다음 중에서 맞는 답을 선택하세요.
대학교에 가면 전공을 선택해야 해요.

2 자리

수업시간이에요. 빨리 자기 자리에 앉으세요.

가 : 죄송합니다. 여기 자리가 있나요?
나 : 네, 제 친구 자리예요.

3 가운데

가운데 자리가 영화 보기에 좋아요.
중국과 일본 가운데에 한국이 있습니다.
세 건물 중에서 가운데 건물이 가장 높아요.

4 다녀오다

이번 방학에는 고향에 다녀오고 싶어요.

가 : 학교 다녀오겠습니다.
나 : 네, 잘 다녀오세요.

255

문법

1 V-(으)려고요

-으려고요	받침 있을 때	먹다 ⇒ 먹으려고요
-려고요	받침 없을 때 받침 'ㄹ'일 때	가다 ⇒ 가려고요 살다 ⇒ 살려고요

가 : 집에 가려고요?

나 : 네, 시간이 많이 늦었어요.

가 : 약속 시간이 1시인데 벌써 나가요?

나 : 네, 왕밍 씨가 오기 전에 미리 가서 기다리고 있으려고요.

🔎 V-(으)려고 하다

연습 1 [보기]와 같이 질문에 대답해 보십시오.

> **보기**
>
> 가 : 왜 벌써 학교에 가요?
>
> 나 : (숙제하다) 학교에 가서 숙제를 하려고요.

(1) 가 : 왜 밥을 안 먹어요?

  나 : (이따가 먹다) _____.

(2) 가 : 왜 백화점에 가요?

  나 : (쇼핑을 하다) _____.

(3) 가 : 왜 벌써 집에 가요?

  나 : (잠을 자다) _____.

연습 2 [보기]와 같이 대화를 만들어 보십시오.

> **보기**
>
> 가 : 밥을 왜 조금만 먹어요?
>
> 나 : 다이어트를 하려고요.

(1) 가 : 왜 우체국에 가요?

  나 : _____.

(2) 가 : 왜 그렇게 열심히 일을 해요?

  나 : _____.

(3) 가 : 왜 그렇게 열심히 공부해요?

  나 : _____.

② A-은/ㄴ가요?　V-나요?　N인가요?
　A/V-았/었나요?　N이었/였나요?

가 : 이 옷이 어떤가요?
나 : 잘 어울리네요. 어디서 샀나요?

가 : 지금 어디에 가나요?
나 : 학교에 가요.

연습 1　문형연습을 해 봅시다.

형용사(A)	현재	과거
바쁘다		
많다		
멀다		
덥다		
좁다		

동사(V)	현재	과거
쓰다		
먹다		
만들다		
걷다		
돕다		

명사(N)	현재	과거
학생		
가수		
선물		

연습 2　[보기]와 같이 문형연습을 해 봅시다.

(1) 밖에 뭐가 보여요?

👉 _____

(2) 설악산이 아름다워요?

👉 _____

(3) 어떤 책을 읽고 있어요?

👉 _____

(4) 지금 뭘 먹어요? 맛있어요?

👉 _____

(5) 중간시험 점수가 몇 점이에요?

👉 _____

(6) 교실에 학생이 몇 명 있어요?

👉 _____

(7) 학교에 몇 시까지 와야 해요?

👉 _____

(8) 어제 뭘 배웠어요?

👉 _____

(9) 숙제를 했어요?

👉 _____

(10) 어제 날씨가 어땠어요?

👉 _____

③ V-은/ㄴ 다음에 〈순서〉

-은 다음에	받침 있을 때	먹다 ⇒ 먹은 다음에
-ㄴ 다음에	받침 없을 때 받침 'ㄹ'일 때	말하다 ⇒ 말한 다음에 만들다 ⇒ 만든 다음에

밥을 먹은 다음에 아르바이트 하러 가요.
오늘 수업이 끝난 다음에 무엇을 할 거예요?
몸이 아프면 선생님께 말씀 드린 다음에 집에 가세요.

😊 V-은/ㄴ 후에

연습 1 [보기]와 같이 문형연습을 해 봅시다.

> **보기**
> 영화를 선택하다 → 극장을 선택하다
> 👉 영화를 선택한 다음에 극장을 선택해요.

(1) 점심을 먹다 → 공원에 가다
　👉 ＿＿＿＿＿＿＿＿＿＿＿＿＿＿＿＿＿ .

(2) 샤워를 하다 → 텔레비전을 보다
　👉 ＿＿＿＿＿＿＿＿＿＿＿＿＿＿＿＿＿ .

(3) 손을 씻다 → 요리하다
　👉 ＿＿＿＿＿＿＿＿＿＿＿＿＿＿＿＿＿ .

(4) 창문을 열다 → 청소를 하다
　👉 ＿＿＿＿＿＿＿＿＿＿＿＿＿＿＿＿＿ .

(5) 친구 이야기를 듣다 → 말하다
　👉 ＿＿＿＿＿＿＿＿＿＿＿＿＿＿＿＿＿ .

연습 2 [보기]와 같이 문장을 만들어 보십시오.

> **보기**
> 운동을 하다 + ＿＿＿＿ (샤워하다)
> 👉 운동을 한 다음에 샤워를 했어요.

(1) 집에 돌아오다 + ＿＿＿＿＿＿＿＿＿＿＿
　👉 ＿＿＿＿＿＿＿＿＿＿＿＿＿＿＿＿＿ .

(2) 숙제를 하다 + ＿＿＿＿＿＿＿＿＿＿＿
　👉 ＿＿＿＿＿＿＿＿＿＿＿＿＿＿＿＿＿ .

(3) 식사를 하다 + ＿＿＿＿＿＿＿＿＿＿＿
　👉 ＿＿＿＿＿＿＿＿＿＿＿＿＿＿＿＿＿ .

 듣기

문제 1 다음 잘 듣고 틀린 대화를 고르십시오. (   )

　　　　　① 　　　　　　② 　　　　　　③ 　　　　　　④

 읽기

※ 다음을 읽고 질문에 답하십시오.

> 손 님 : 여보세요? 거기 여행사지요? 프랑스 가는 비행기 표를 예약하고 싶은데요.
>
> 직 원 : 언제 출발하실 거예요?
>
> 손 님 : 금요일이나 토요일에 가는 비행기가 있나요?
>
> 직 원 : 죄송하지만 이번 주 토요일은 모두 예약이 끝났습니다.
>
> 손 님 : 그러면 금요일 표는 있습니까?
>
> 직 원 : 금요일 오전에도 괜찮으시겠습니까? 오후에는 모두 예약이 끝났습니다.
>
> 손 님 : 한국에서 프랑스로 바로 가는 비행기인가요?
>
> 직 원 : 아니요, 한 번 갈아타셔야 해요.
>
> 손 님 : 요금이 어떻게 되지요?
>
> 직 원 : 편도는 1,000달러이고 왕복은 1,600달러예요.
>
> 손 님 : 그러면 왕복표로 예약해 주세요.
>
> 직 원 : 성함과 연락처를 말씀해 주세요.
>
> 　　　　다 됐습니다. 고객님의 예약번호는 7947입니다.
>
> 손 님 : 네, 알겠습니다. 그런데 요금은 어떻게 내면 됩니까?
>
> 직 원 : 고객님께서 출발하기 사흘 전에 사무실로 나오셔서 내시면 됩니다.
>
> 손 님 : 네, 알겠습니다. 감사합니다.
>
> 편도 / 왕복 / 고객

문제 1　윗글의 내용과 <u>다른</u> 것을 고르십시오. (　　　)

　　　① 왕복표를 예약했습니다.

　　　② 토요일에 출발할 수 있습니다.

　　　③ 삼일 전에 표 값을 내면 됩니다.

　　　④ 비행기 표를 예약하려고 전화했습니다.

문제 2　비행기 표를 예약하려면 무엇이 필요합니까?

 쓰기

※ 주말에 친구와 같이 영화를 보려고 합니다. 친구와 같이 볼 영화를 고르고, 약속 장소를 정하십시오.

memo

LESSON

24

치킨으로 하겠어요

한국에서 패스트푸드점에 가 본 적이 있습니까?

패스트푸드점에 가면 보통 무엇을 먹습니까?

265

본문

호앙 씨와 왕밍 씨가 영화를 보고 점심을 먹으러 가려고 합니다.

왕밍 : 호앙 씨, 배 안 고파요? 저는 배고파서 죽겠어요. 팝콘도 먹었는데 이상하네요.

호앙 : 그래요? 그럼 얼른 식사를 하러 갑시다. 뭘 먹을까요?

왕밍 : 배가 고프니까 빨리 먹을 수 있는 곳으로 가요.

호앙 : 좋아요. 그럼 이 근처에 패스트푸드점이 많으니까 그 중에서 고릅시다.
　　　왕밍 씨, 뭘 먹고 싶어요? 햄버거, 피자, 치킨, 샌드위치······.

왕밍 : 햄버거 어때요? 가격도 저렴하고 음식도 빨리 나오니까요.

호앙 : 그래요. 그럼 저쪽에 있는 패스트푸드점으로 갑시다.

(잠시 후)

점원 : 어서 오십시오. 주문하시겠습니까?

왕밍 : 호앙 씨, 뭘 먹을 건가요?

호앙 : 음, 저는 치킨으로 하겠어요. 왕밍 씨는요?

왕밍 : 전 햄버거로 할래요.

점원 : 손님, 이 세트 메뉴는 어떠세요? 이 메뉴에는 햄버거 두 개와 치킨 세 조각,
　　　음료수 두 잔, 사이드 메뉴가 있습니다. 가격도 만 원이니까 아주 저렴해요.

왕밍 : 마음에 드네요. 호앙 씨, 우리 이걸로 해요.

호앙 : 네, 이 세트로 한 개 주세요.

점원 : 싸 가실 건가요, 여기서 드실 건가요?

호앙 : 여기서 먹을 거예요. 빨리 주세요.

호앙씨와 왕밍씨는 어디에 갔습니까?

두 사람은 무엇을 주문합니까?

어휘와 표현

이상하다	-조각	세트 메뉴
사이드 메뉴	가격	얼른
마음에 들다	주문하다	저렴하다

1 이상하다

여름인데 겨울옷을 입고 있는 사람이 있어요. 정말 이상한 사람이에요.

가 : 겨울인데 날씨가 많이 따뜻하지요?

나 : 네, 요즘 겨울은 이상하게 안 추워요.

2 얼른

저녁에 약속이 있어서 얼른 숙제를 끝내려고 합니다.

시간이 얼마 안 남았으니까 얼른 떱시다.

학교에 늦어서 얼른 세수를 하고 집에서 나왔어요.

3 저렴하다

동대문 시장에 가면 저렴한 옷을 살 수 있어요.

가 : 어디에 가면 책을 저렴하게 살 수 있어요?

나 : 인터넷에서 사세요.

4 N 조각

경기 치킨은 닭다리 세 조각을 더 드립니다.

가 : 벌써 다 드셨어요?

나 : 네, 저는 피자 2조각을 먹으면 배불러요.

5 마음에 들다

가 : 생일 축하해요. 이거 선물이에요.

나 : 와, 정말 마음에 들어요. 고맙습니다.

 문법

1 A-아/어(서) 죽겠다

가 : 지우 씨, 한국의 겨울이 참 춥지요?

나 : 네, 요즘 추워(서) 죽겠어요.

가 : 요즘 한국어 공부가 어때요? 재미있어요?

나 : 아니요. 한국어가 정말 어려워(서) 죽겠어요.

연습 1 문형연습을 해 봅시다.

형용사(A)		-아/어(서) 죽겠다	형용사(A)		-아/어(서) 죽겠다
예쁘다			귀엽다		
아프다	☞		맵다	☞	
힘들다			덥다		
맛없다			춥다		

연습 2 [보기]와 같이 다음 대화를 완성해 보십시오.

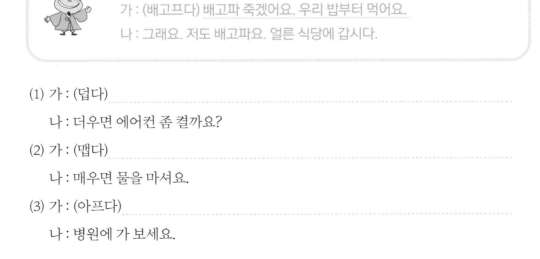

보기

가 : (배고프다) 배고파 죽겠어요. 우리 밥부터 먹어요.

나 : 그래요. 저도 배고파요. 얼른 식당에 갑시다.

(1) 가 : (덥다)

나 : 더우면 에어컨 좀 켤까요?

(2) 가 : (맵다)

나 : 매우면 물을 마셔요.

(3) 가 : (아프다)

나 : 병원에 가 보세요.

② V-을/ㄹ 건가요?

-을 건가요?	받침이 있을 때	먹다 ⇒ 먹을 건가요?
-ㄹ 건가요?	받침이 없을 때 '받침' ㄹ 일 때	가다 ⇒ 갈 건가요? 살다 ⇒ 살 건가요?

가 : 이 잡지 지금 읽을 건가요? 안 읽으면 제가 먼저 읽어도 돼요?

나 : 네, 먼저 보세요.

가 : 지금 출발할 건가요? 아직 엥크 씨가 버스에 타지 않았어요.

나 : 그러면 조금만 더 기다려 봅시다.

연습 1 문형연습을 해 봅시다.

동사(V)	-을/ㄹ 건가요?	동사(V)	-을/ㄹ 건가요?
쉬다		놓다	
사다		요리하다	
놀다	☞	말하다	☞
앉다		잡다	
읽다		*돕다	
끊다		*걷다	
찍다		*듣다	

연습 2 [보기]와 같이 알맞은 질문을 만들어 보십시오.

> **보기**
>
> 가 : (앉다) 여기 앉을 건가요?
>
> 나 : 네, 그런데요.

(1) 가 : (끊다) _____ ?

　　나 : 네, 오늘부터 술과 담배를 끊겠어요.

(2) 가 : (김밥을 만들다) _____ ?

　　나 : 네, 제가 김밥을 만들게요.

(3) 가 : (학교까지 걸어가다) _____ ?

　　나 : 네, 멀지 않으니까 오늘은 걸어가요.

③ N(으)로 하다 〈선택〉

–으로 하다	받침 있을 때	치킨 ⇒ 치킨으로 하다
–로 하다	받침 없을 때 받침 'ㄹ'일 때	햄버거 ⇒ 햄버거로 하다 물 ⇒ 물로 하다

가 : 저는 라면으로 하겠어요. 현수 씨는요?

나 : 저는 김밥으로 할래요.

가 : 이 옷으로 하겠어요. 여기에 잘 어울리는 모자도 있나요?

나 : 저 모자로 하면 어때요?

연습 1　[보기]와 같이 문형연습을 해 봅시다.

> **보기**
>
> 김밥 / 라면
> ☞ 김밥과 라면으로 할게요.

(1) 비빔밥 / 자장면 ☞ _____

(2) 치마 / 구두 ☞ _____

(3) 피자 / 콜라 ☞ _____

연습 2　[보기]와 같이 알맞은 대답을 써 보십시오.

> **보기**
>
> 가 : 뭘 드실래요?
> 나 : (비빔밥, 냉면) 비빔밥과 냉면으로 할래요.

(1) 가 : 무엇을 드실 거예요?

　　나 : _____

(2) 가 : 무엇을 사실래요?

　　나 : _____

(3) 가 : 무슨 음료수를 드실래요?

　　나 : _____

 듣기

문제 1   다음을 잘 듣고 질문에 알맞은 대답을 고르십시오. (   )

　　　① 네, 살 건가요.

　　　② 네, 안 살 거예요.

　　　③ 아니요, 살 거예요.

　　　④ 아니요, 안 살 거예요.

문제 2   다음을 잘 듣고 질문에 <u>틀린</u> 대답을 고르십시오. (   )

　　　① 저는 커피를 주세요.

　　　② 저는 커피로 하겠어요.

　　　③ 저는 커피를 마실래요.

　　　④ 저는 커피를 마셨어요.

※ 다음을 읽고 질문에 답하십시오.

> 여러분은 한국에서 음식이 입에 맞지 않을 때 보통 어떤 음식을 먹습니까? 햄버거, 치킨, 감자튀김 등 패스트푸드를 많이 먹지 않나요? 패스트푸드는 주문을 하고 기다리는 시간도 짧고, 어디에서 먹어도 맛이 비슷하기 때문에 먹기가 편합니다. 하지만 이런 음식을 자주 먹으면 건강에 좋지 않습니다. 그래서 이렇게 건강에 좋지 않은 음식을 '정크 푸드(junk food)'라고 부릅니다.
>
> 건강해지려면 정크 푸드를 먹는 대신에 신선한 음식을 먹고, 술을 마시지 않고 담배도 피우지 않아야 합니다. 또 일이 끝난 후에는 운동을 하면서 몸과 마음을 건강하게 하는 것도 중요합니다.
>
> 입에 맞다 / 정크 푸드

문제 1 윗글의 내용과 같은 것을 고르십시오. (　　)

① 입에 안 맞는 음식은 먹기가 편합니다.

② 몸과 마음을 건강하게 하는 것이 중요합니다.

③ 정크 푸드를 많이 먹으면 건강해질 수 있습니다.

④ 패스트푸드는 주문을 한 후에 오래 기다려야 합니다.

문제 2 건강해지려면 어떻게 해야 합니까? 위에서 찾아서 쓰십시오.

1. _____

2. _____

 말하기

※ 여러분은 친구들과 식당에 가면 보통 누가 주문을 합니까? 무엇을 먹습니까? 이야기해 보십시오.

_____

_____

 쓰기

※ 어떤 음식을 먹으면 건강해져요? 어떤 음식이 몸에 안 좋아요? 여러분의 생각을 써 봅시다.

_____

25

LESSON

색깔이 저하고 안 어울리는 것 같아요

• 색깔 및 모양 표현   • 옷 사기

문 법
1. N이/가 N에[에게, 한테] 어울리다
   N이/가 N와/과[하고, (이)랑] 어울리다
2. N밖에 안[못] A/V

여러분은 어떤 색깔과 무늬의 옷을 좋아합니까?

왜 그 옷이 좋습니까?

본문

준코와 지영, 두 사람이 옷가게에 들어갑니다.

점원 : 어서 오세요. 찾으시는 옷이 있으세요?

준코 : 네, 선배 결혼식에 입고 갈 정장 치마를 좀 보고 싶은데요.

점원 : 정장 치마는 이쪽에 있습니다. 이 검은색 치마 어떠세요?

준코 : 결혼식에 가는데 좀 밝은 색 옷을 입는 게 좋지 않아요? 이 흰색 치마는 어때요?

지영 : 결혼식에서는 보통 흰색을 입지 않아요. 신부의 웨딩드레스가 흰색이니까요.

준코 : 그렇군요. 그럼 이 꽃무늬 치마 어때요? 예쁘네요.

점원 : 그 치마도 정말 예쁘지요? 저쪽에 탈의실이 있으니까 가서 입어 보세요.

준코 씨가 입고 나왔습니다.

점원 : 정말 예쁘시네요. 입으니까 어떠세요?

준코 : 네, 촉감도 좋고 편하고 다 좋은데 색깔이 저하고 안 어울리는 것 같아요.

점원 : 얼굴이 하얘서 분홍색이 잘 어울리시는 것 같은데요.

준코 : 고맙습니다. 그런데 이건 분홍색밖에 없어요?

점원 : 아니요, 보라색도 있는데 보여 드릴까요?

준코 : 아니에요. 여기가 처음이라서 다른 곳도 더 보고 다시 올게요.

점원 : 네, 더 돌아보고 오세요.

준코 씨는 어떤 옷을 골랐습니까?

준코 씨는 왜 그 옷을 사지 않았습니까?

어휘와 표현

선배	무늬	검은색	신부
결혼식	탈의실	분홍색(핑크색)	웨딩드레스
정장	촉감	보라색	색깔
돌아보다			

1 옷의 종류

긴 코트가 아주 멋있군요.

청바지가 잘 어울리는 여자가 좋아요.

결혼할 때 신부는 웨딩드레스를 입습니다.

정장	캐주얼(casual) = 평상복	셔츠(shirt)	코트(coat)
점퍼(jumper)	재킷(jacket)	청바지	니트(knit)
카디건(cardigan)	웨딩드레스 (wedding dress)	원피스(one-piece)	양복

2 무늬

물방울무늬 옷을 입으면 귀여워요.

꽃무늬 치마는 아주 귀여워 보여요.

세로 줄무늬 옷을 입으면 날씬해 보여요.

꽃무늬	물방울무늬	체크무늬
하트무늬	가로줄무늬	세로줄무늬

3 색깔

분홍색 (핑크색)	주황색	빨간색	노란색	파란색	하늘색	갈색
흰색 (하얀색)	검은색 (까만색)	회색	초록색 (녹색)	연두색	보라색	연보라색

4 돌아보다

쇼핑을 할 때는 많이 돌아보고 사야 합니다.

카메라를 사려고 용산 전자 상가를 돌아보았어요.

277

문법

1 N이/가 N에[에게, 한테] 어울리다
N이/가 N와/과[하고, (이)랑] 어울리다

보라색이 준코 씨에게 정말 잘 어울리네요.
이 치마에는 저 티셔츠가 어울릴 것 같아요.
진웨이 씨가 왕밍 씨와 잘 어울려요.

연습 1 [보기]와 같이 질문에 대답하십시오.

> **보기**
> 가 : 빨간색 셔츠는 무슨 옷이랑 어울릴까요?
> 나 : (흰색 치마) 흰색 치마와 어울릴 거예요.

(1) 가 : 꽃무늬 원피스는 무슨 옷이랑 어울릴까요?
　　나 : (흰색 카디건) _____ .

(2) 가 : 핑크색 셔츠가 무슨 옷과 어울릴까요?
　　나 : (회색 재킷) _____ .

(3) 가 : 청바지가 어떤 옷에 어울릴까요?
　　나 : (줄무늬 셔츠) _____ .

연습 2 [보기]와 같이 대화를 만들어 보십시오.

> **보기**
> 가 : 호앙 씨는 누구와 어울릴까요?
> 나 : 호앙 씨는 지은 씨랑 어울리는 것 같아요.

(1) 가 : 맥주는 어떤 음식에 어울려요?
　　나 : _____

(2) 가 : 햄버거는 어떤 음료수와 어울려요?
　　나 : _____

(3) 가 : 마이클 씨는 누구와 어울릴까요?
　　나 : _____

② N밖에 안[못] A/V

한국어를 조금밖에 몰라요.

맥주를 한 잔밖에 못 마셔요.

시험시간이 10분밖에 안 남았어요.

연습 1 [보기]와 같이 문형연습을 해 봅시다.

> **보기**
>
> 그 사람은 자기만 알아요.
>
> ☞ 그 사람은 자기밖에 몰라요.

(1) 나는 천 원만 있어요. ☞ _____

(2) 지우 씨는 야채만 먹어요. ☞ _____

(3) 저는 영어만 할 수 있어요. ☞ _____

(4) 크리스마스 선물이 하나만 남았어요. ☞ _____

(5) 현수 씨는 진웨이 씨만 좋아해요. ☞ _____

(6) 술은 소주만 마셔요. ☞ _____

(7) 운동은 달리기만 할 수 있어요. ☞ _____

(8) 저는 공포영화만 봐요. ☞ _____

(9) 저는 원피스만 사요. ☞ _____

연습 2 [보기]와 같이 대화를 만들어 보십시오.

> **보기**
>
> 가 : 한국에서 산 지 오래 됐어요?
>
> 나 : 아니요, 3개월밖에 안 됐어요.

(1) 가 : 경기대학교에 다닌 지 오래 됐어요?

　　나 : 아니요. _____ .

(2) 가 : 어제 술을 많이 마셨어요?

　　나 : 아니요. _____ .

(3) 가 : 남자친구[여자친구]를 만난 지 얼마나 됐어요?

　　나 : _____ .

듣기

문제 1　다음을 잘 듣고 질문에 대한 답으로 맞는 것을 고르십시오. (　　　)

　　　① 네, 지금부터 배우려고요.

　　　② 네, 요즘 안 배우고 있어요.

　　　③ 아니요, 이제 배우려고 해요.

　　　④ 아니요, 한국어 대신 중국어를 배워요.

※【2~3】 다음을 잘 듣고 질문에 답하십시오.

문제 2　다음 중 들은 내용과 같은 것을 고르십시오. (　　　)

　　　① 지우 씨가 산 옷은 4만원입니다.

　　　② 지우 씨는 청바지를 사려고 합니다.

　　　③ 지우 씨가 사고 싶어 하는 옷은 10만원입니다.

　　　④ 지우 씨는 두 번째 가게에서 옷을 살 것입니다.

문제 3　지우는 왜 처음 가게에서 옷을 사지 않았습니까? (　　　)

　　　① 너무 비싸서

　　　② 정장을 사고 싶어서

　　　③ 색깔이 마음에 들지 않아서

　　　④ 지우 씨한테 안 어울리는 것 같아서

 읽기

※ 다음 글을 읽고 질문에 답하십시오.

> 지 우 : 이거 우리 사무실 사람들 사진이에요.
>
> 안 나 : 남자가 여자보다 두 명 많군요. 여자 분들은 머리가 길고 다 예쁘네요.
>
> 지 우 : 네, 우리 사무실 사람들은 다 예쁘고 멋있어요.
>
> 안 나 : 사무실 사람들 중에서 이 회색 코트 입은 사람이 제일 멋있는 것 같아요.
>
> 지 우 : 왜요? 관심 있어요? 소개해 줄까요?
>
> 안 나 : 음…… 잠깐만요. 좀 더 보고요. 아, 이 사람도 멋있네요. 여기 조금 머리가 길고 갈색 재킷 입은 사람은 성격이 어때요?
>
> 지 우 : 좀 남성적이에요. 말도 별로 없고요.
>
> 안 나 : 그래요? 저는 조용한 사람이 좋아요. 여기 모자 쓴 사람도 잘 생겼네요. 얼굴이 작고 귀여워서 모자가 잘 어울려요.
>
> 지 우 : 안나 씨, 한 사람만 골라 보세요.
>
> 안 나 : 아, 너무 어려워요. 그래도 제일 처음에 본 사람이 가장 마음에 드는 것 같아요.
>
> 지 우 : 그래요? 그럼 그 사람을 소개해 줄게요.
>
> 사무실 / 관심(이) 있다

문제 1 안나 씨는 어떤 사람과 소개팅을 할 것입니까?

....

문제 2 윗글의 내용으로 맞는 것을 고르십시오. (　　　)

① 회색 코트를 입은 사람은 머리가 조금 깁니다.

② 모자를 쓴 사람은 얼굴이 작아서 모자가 잘 어울립니다.

③ 지우 씨는 안나 씨에게 자기 학교 친구를 소개해 주려고 합니다.

④ 갈색 재킷을 입은 사람은 외모는 마음에 들지만 성격이 좋지 않습니다.

 말하기

※ 우리 반 친구에게 어떤 옷이 어울립니까? 그 옷이 왜 어울립니까? 우리반 친구에게 어울리는 옷을 이야기해 봅시다.

쓰기

※ 나에게 어떤 옷이 잘 어울려요? 왜 잘 어울려요? 여러분의 생각을 써 보십시오.

잘 어울리는 옷의 종류	
잘 어울리는 옷 색깔	
잘 어울리는 옷 무늬	
왜 잘 어울리는 것 같아요?	

memo

26

LESSON

움직이지 말고 푹 쉬세요

학습 목표	금지 · 권고표현
문 법	1. 'ㅅ'불규칙 활용
	2. V₁ –지 말고 V₂ –(으)세요

학습 목표와 문법:

학습 목표 금지 · 권고표현

문 법
1. 'ㅅ'불규칙 활용
2. V_1 –지 말고 V_2 –(으)세요

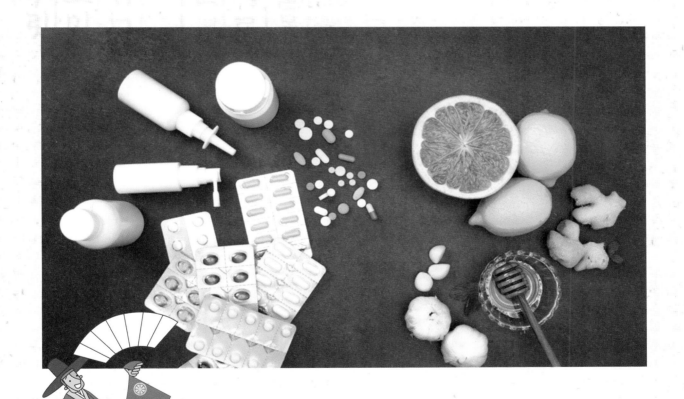

여러분은 어디가 자주 아픕니까?

아플 때 어떻게 합니까?

285

본문

병원에서 엥크 씨가 진료를 받고 있습니다.

의 사 : 어디가 아파서 오셨어요?

엥 크 : 축구를 하다가 넘어져서 다리를 다쳤어요.

의 사 : 어디 봅시다. 피가 많이 나네요. 먼저 약을 바르고 상처를 치료해야겠어요.

엥 크 : 아아아…… 아파요, 선생님.

의 사 : 음, 다리가 많이 부었네요. 언제 넘어졌어요?

엥 크 : 한 시간 전쯤 넘어졌어요. 일어날 수 없어서 운동장에 있다가 지금 왔어요.

의 사 : 심하게 넘어진 것 같은데 많이 안 다쳐서 다행이에요. 일주일 동안 움직이지 말고 푹 쉬세요. 며칠 동안 몸이 많이 아플 거예요.

엥 크 : 네, 알겠습니다. 선생님, 또 조심해야 할 것이 있나요?

의 사 : 상처가 나을 때 가려울 거예요. 그렇지만 긁으면 안 돼요. 그럼, 일주일 후에 오세요.

엥 크 : 알겠습니다.

엥크 씨는 왜 병원에 갔습니까?

엥크 씨는 앞으로 어떻게 해야 합니까?

어휘와 표현

진료	푹	치료하다	참다	넘어지다
상처	움직이다	긁다	약	다치다
다행이다	낫다	붓다	바르다	피가 나다
조심하다	가렵다			

1 진료

진료를 받다　　주사를 맞다　　엑스레이를 찍다　　연고를 바르다　　밴드를 붙이다　　수술을 하다

2 진료를 하다 ⇔ 진료를 받다

이 병원은 일요일에도 진료를 합니다.

가 : 호앙 씨, 감기에 걸렸어요?
나 : 네, 병원에 가서 진료를 좀 받아야겠어요.

3 (N에서) 넘어지다

저는 비가 오거나 눈이 오면 길에서 잘 넘어져요.

가 : 넘어졌는데 일어날 수 있겠어요?
나 : 네, 괜찮아요. 일어날 수 있어요.

4 N을/를 바르다

저는 손을 씻고 손에 꼭 화장품을 발라요.

가 : 얼굴에 뭘 바르고 있어요?
나 : 요즘 여드름이 나서 연고를 바르고 있어요.

287

5 **N을/를 참다**

시험을 볼 때에는 화장실에 갈 수 없으니까 참아야 해요.

가 : 준코 씨, 다이어트 할 때 제일 힘든 게 뭐예요?
나 : 먹고 싶은 음식을 안 먹고 참는 거예요.

6 **N을/를 치료하다**

손가락에 피가 나서 치료를 해야 해요.

가 : 지은 씨, 어디에 가요?
나 : 이를 치료하러 치과에 가요.

7 **N이/가 가렵다**

오늘 아침에 머리를 안 감아서 머리가 가려워요.

가 : 어제 잠을 잘 못 잤어요?
나 : 네, 모기 때문에 몸이 가려워서 잘 못 잤어요.

8 **(S-아/어서) 다행이다**

시험을 잘 못 봤는데 70점이 넘어서 다행이에요.

가 : 어제 기차 사고가 있었는데 사람들은 안 다쳤어요.
나 : 다친 사람이 없어서 정말 다행이네요.

문법

① 'ㅅ'불규칙 활용

가 : 선생님, 언제쯤 감기가 다 나을까요?
나 : 빨리 나으려면 잘 먹고 푹 쉬어야 합니다.

가 : 왜 얼굴이 부었어요?
나 : 어젯밤에 라면을 먹고 잤어요.

연습 1 문형연습을 해 봅시다.

	-고	-아/어요	-아/어서	-(으)니까
붓다				
낫다				
짓다				
긋다				
*벗다				
*씻다				
*웃다				

연습 2 [보기]에서 맞는 어휘를 골라 질문에 답하십시오.

보기

짓다   붓다   긋다   낫다

(1) 가: 다리가 아직도 아파요?
　　나: 아니요, ＿＿＿＿＿＿＿＿＿＿＿＿.

(2) 가: 여기에 새 기숙사를 짓는군요.
　　나: 네, 다 ＿＿＿＿＿＿＿＿＿＿(으)려면 1년쯤 걸려요.

(3) 가: 어제 야구하다가 다친 손은 괜찮아요?
　　나: 아니요, 아직도 많이 ＿＿＿＿＿＿＿＿.

(4) 가: 이 읽기는 너무 어려워요.
　　나: 모르는 단어에 밑줄을 ＿＿＿＿＿＿＿.

289

② V₁ –지 말고 V₂ –(으)세요

가 : 내일 바로 운동해도 돼요?

나 : 내일까지 움직이지 말고 푹 쉬세요.

가 : 여기서 사진을 찍어도 돼요?

나 : 아니요, 찍지 말고 그냥 눈으로 보세요.

연습 1   [보기]와 같이 질문에 대답하십시오.

> 보기
>
> 가 : 지금 가도 돼요?
>
> 나 : (가다 / 기다리다) 아니요, 가지 말고 기다리세요.

(1) 가 : 먼저 먹어도 돼요?

　　나 : (먹다 / 기다리다) 아니요, ＿＿＿＿＿＿＿＿＿＿＿＿＿＿ .

(2) 가 : (백화점에서) 이 옷을 입어 봐도 돼요?

　　나 : (입다 / 보다) 아니요, ＿＿＿＿＿＿＿＿＿＿＿＿＿＿ .

(3) 가 : (서점에서) 이 책을 읽어 봐도 돼요?

　　나 : (읽다 / 사다) 아니요, ＿＿＿＿＿＿＿＿＿＿＿＿＿＿ .

연습 2   다음 그림을 [보기]처럼 이야기해 보십시오.

> 보기
>
> 손을 대지 말고 눈으로만 보세요.

(1) 　교실에서 ＿＿＿＿＿＿＿＿＿＿＿＿＿ .

(2) 　도서관에서 ＿＿＿＿＿＿＿＿＿＿＿＿＿ .

 듣기

새 단어   처방전 식후 연고

문제 1 다음 중 맞는 것을 고르십시오. (   )

① 진웨이는 일주일 동안 약을 먹어야 합니다.

② 진웨이는 약을 하루에 두 번 먹어야 합니다.

③ 진웨이는 연고를 하루에 세 번 발라야 합니다.

④ 진웨이는 일주일 후에 병원에 꼭 가야 합니다.

 읽기

※ 다음을 읽고 질문에 답하십시오.

> - 하루에 세 번 드십시오. 성인은 한 번에 두 개를 드십시오(어린이는 먹으면 안 됩니다).
> - 식후에 약을 드시고, 약을 드실 때 물을 많이 드십시오.
> - 약을 먹고 배가 아프거나, 몸에 문제가 있으면 가까운 약국에 가거나 병원에 가십시오.
> - 이 약은 두통과 기침, 콧물에는 좋지만 목이 붓거나 열이 나는 사람은 다른 약을 드시는 것이 좋습니다.
> - 어린이 손에 닿지 않는 곳에 약을 두십시오.
>
> 성인 / 식후 / 문제 / 두통 / 어린이 / 닿다

문제 1 윗글의 내용과 <u>다른</u> 것을 고르십시오. (　　　)

① 이 약은 하루에 3번 먹어야 합니다.
② 이 약은 밥을 안 먹고 먹어야 합니다.
③ 아 약은 어린이들이 먹으면 안 됩니다.
④ 이 약을 먹고 문제가 있으면 약국에 가야 합니다.

문제 2 이 약은 어디가 아플 때 먹는 약입니까?

....

 말하기

※ 여러분은 아프면 어느 병원에 갑니까? 친구와 말해 봅시다.

안과	치과	피부과	이비인후과	내과
정형외과	성형외과	소아과 (소아청소년과)	산부인과	

쓰기

※ 여러분 나라에서는 감기에 걸리면 무슨 음식을 먹습니까? 여러분 나라에서 많이 먹는 감기에
　좋은 음식이나 차에 대해서 써 보십시오.

27
LESSON

아프다고 해서
병문안을 왔어요

학습 목표 • 간접화법 • 위로하기

문 법
1. A-다고 하다   V-는/ㄴ다고 하다   N(이)라고 하다
2. A/V-을/ㄹ 거라고 하다   N일 거라고 하다
3. A/V-았/었다고 하다   N이었/였다고 하다

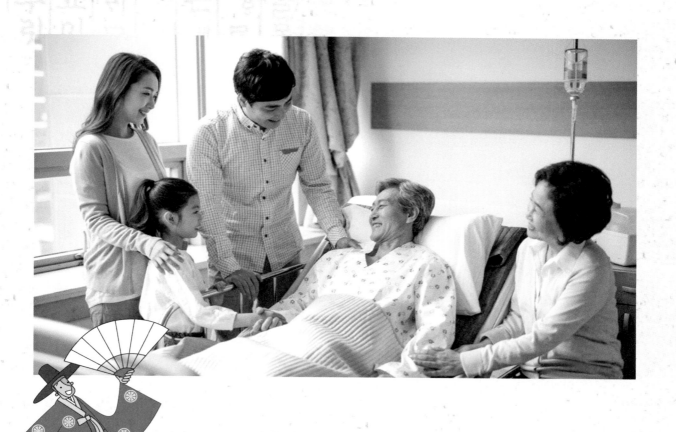

여러분은 병문안을 가 본 적이 있습니까?

여러분 나라에서는 병문안 갈 때 무엇을 사 갑니까?

295

본문

엥크 씨의 집에 반 친구들이 찾아왔습니다.

엥 크 : 이렇게 다들 저희 집에 웬일이에요?

호 앙 : 엥크 씨가 아프다고 해서 병문안을 왔어요. 우리가 병문안을 안 오면 안 되
지요. 좀 괜찮아요?

엥 크 : 네, 많이 좋아졌어요. 다들 와 줘서 정말 고마워요.

준 코 : 라이언 씨가 온다고 했는데 일이 있어서 못 왔어요. 그런데 전혀 걸을 수 없
어요?

엥 크 : 아니에요. 움직일 수는 있어요. 하지만 아파서 화장실도 거의 못 가요.

준 코 : 그래요? 얼마나 아파요? 이렇게 누르면 아파요?

엥 크 : 아아아, 진짜 너무 너무 아파요.

준 코 : 많이 아팠어요? 엥크 씨가 계속 방에만 있으니까 심심할 것 같아서 장난을
좀 쳤어요. 미안해요.

율리아 : 엥크 씨, 우리가 선물을 사 왔어요. 병문안 오는데 빈손으로 오는 것도 예의
가 아닌 것 같아서요.

엥 크 : 그냥 와도 되는데……. 아무튼 고맙습니다.

호 앙 : 뭘요. 빨리 나아서 얼른 학교에 오세요.

엥 크 : 네, 그럴게요.

> **친구들이 엥크 씨 집에 왜 왔습니까?**

> **병문안을 누가 안 왔습니까? 왜 안 왔습니까?**

어휘와 표현

웬일	누르다	장난을 치다	빈-
병문안	심심하다	아무튼	뭘요
전혀	거의	예의	

1 웬일

가 : 이렇게 밤늦게 웬일이에요?

나 : 밤늦게 미안해요. 부탁이 좀 있어서 전화했어요.

가 : 어, 오늘 엥크 씨가 학교에 안 왔네요. 웬일이지요?

나 : 엥크 씨가 어제 축구를 하다가 다쳤다고 했어요.

2 전혀 안[못] A/V

왕밍 씨는 술을 전혀 못 마셔요.

가 : 안 졸려요?

나 : 네, 전혀 안 졸려요.

3 거의

이번 학기가 거의 끝났어요.

저는 텔레비전을 거의 안 봐요.

저는 주말에는 거의 집에 있어요.

4 빈N

요즘 휴가기간인데 빈방이 있을까요?

도서관에 빈자리가 없어서 큰일이에요.

다른 사람의 집에 갈 때 빈손으로 가면 안 돼요.

297

5 아무튼

가 : 택시를 타고 가도 약속시간에 늦을 거예요.
나 : 아무튼 가 봅시다.

가 : 선생님, 오늘 결석한 학생이 많아요.
나 : 결석한 학생이 많지만 아무튼 수업을 시작합시다.

6 뭘요

가 : 고마워요. 빌린 책은 다음 주에 줄게요.
나 : 뭘요. 다음에도 책이 필요하면 이야기하세요.

가 : 이렇게 와 주셔서 고맙습니다.
나 : 뭘요. 호앙 씨 생일인데 당연히 와야지요.

 문법

1 간접화법

A-다고 하다[말하다, [말하다, 듣다]   〈현재〉

V-는/ㄴ다고 하다[말하다, 듣다]

N(이)라고 하다[말하다, 듣다]

진웨이 씨의 꿈은 화가라고 해요.

제주도는 겨울에도 날씨가 따뜻하다고 해요.

율리아 씨는 지금 비빔밥을 먹는다고 했어요.

연습 1   [보기]와 같이 '간접화법'을 사용하여 바꾸어 봅시다.

> 호앙 : " 저 사람이 현수예요."
> ☞ 호앙 씨가 저 사람이 현수라고 했어요.

(1) 율리아 : "하루 종일 컴퓨터를 해서 피곤해요."

    ☞ ....

(2) 왕밍 : "영화가 너무 재미있어요."

    ☞ ....

(3) 호앙 : "저는 지금 도서관에 가요."

    ☞ ....

(4) 준코 : "저는 지금 김치찌개를 만들어요"

    ☞ ....

(5) 라이언 : "여기가 도서관이에요."

    ☞ ....

(6) 진웨이 : "제 동생은 학생이에요"

    ☞ ....

2 A/V-을/ㄹ 거라고 하다[말하다, 듣다]
　　N일 거라고 하다[말하다, 듣다]

　　　　　　　　　　　　　　　　　　　　　　　　　　　〈미래〉

옷가게 직원이 이 옷은 좀 클 거라고 했어요.
민수 씨가 바빠서 약속시간에 늦을 거라고 했어요.
선생님께서 이것은 호앙 씨 시계일 거라고 하셨어요.

연습 1　[보기]와 같이 간접화법을 사용하여 바꾸어 봅시다.

　　　　　보기
　　　　　일기예보: " 내일은 비가 올 겁니다."
　　　　　☞ 일기예보에서 내일은 비가 올 거라고 했어요.

(1) 선생님: "기말 시험은 어려울 거예요."

　　☞ _____.

(2) 뉴스: "올해 겨울은 추울 겁니다."

　　☞ _____.

(3) 왕밍: "이번 주말에 고향에서 친구가 올 거예요."

　　☞ _____.

(4) 지영: "내일 서울에서 친구를 만날 거예요."

　　☞ _____.

(5) 정우: "이것은 준코 씨의 가방일 거예요."

　　☞ _____.

(6) 동생: "아마 이 책은 20,000원일 거예요."

　　☞ _____.

❸ A/V-았/었다고 하다[말하다, 듣다]
N이었/였다고 하다[말하다, 듣다] 〈과거〉

민수 씨는 어제 늦게 잤다고 했어요.
우리 반 반장은 아이 때는 더 멋있었다고 해요.
선생님은 지난 학기에도 2급이었다고 하셨어요.

연습 1 [보기]와 같이 간접화법을 사용하여 바꾸어 봅시다.

> **보기**
>
> 왕밍 : " 어제는 비가 왔어요."
> ☞ 왕밍 씨가 어제는 비가 왔다고 했어요.

(1) 선생님 : "중간시험은 쉬웠어요."

☞ _____ .

(2) 왕밍 : "한국에 온 지 두 달이 되었어요."

☞ _____ .

(3) 뉴스 : "작년 여름은 더웠습니다."

☞ _____ .

(4) 지영 : "저는 지난 학기에 1급에서 공부했습니다."

☞ _____ .

(5) 정우 : "저는 1년 전에 고등학생이었어요."

☞ _____ .

(6) 동생 : "이 책은 작년에 15,000원이었어요."

☞ _____ .

듣기

문제 1   다음 중 <u>틀린</u> 대화를 고르십시오. (   )

             ①   ②   ③   ④

읽기

※ 다음을 읽고 질문에 답하십시오.

① 그런데 그때, 친구들이 수업이 끝나고 우리 집에 병문안을 와 주었습니다. 저는 아주 많이 감동을 받았습니다. 눈물이 나오려고 하는 나를 보고 준코 씨는 장난을 치면서 붕대를 감은 내 다리를 눌렀습니다.

② 또 율리아 씨는 과일이랑 책을 선물로 사왔습니다. 한국어 책이라서 책을 읽으려면 한국어를 공부해야 합니다.

③ 어제 동아리 친구들과 축구를 하다가 넘어져서 다리를 다쳤습니다. 피가 많이 나고 너무 아팠지만 참았습니다. 하지만 너무 걱정이 되고 아파서 울고 싶었습니다.

④ 친구들과 우리 집에서 이야기를 하고 놀면서 재미있는 시간을 보냈습니다. 저도 얼른 나아서 빨리 학교로 돌아가고 싶습니다.

⑤ 오늘은 월요일인데 학교에 갈 수 없었습니다. 움직일 수가 없어서 그냥 방 안에서 가만히 있어야 하니까 너무 답답했습니다. 친구들도 보고 싶고, 오늘은 어떤 공부를 하고 있는지 궁금했습니다.

⑥ 다른 친구들은 학교에서 공부도 하고 쉬는 시간에 커피도 마시고 즐겁게 지내고 있는데 나만 혼자 방안에 있으니까 쓸쓸했습니다.

⑦ 조금 아팠지만 준코 씨가 혼자 있는 나를 재미있게 해 주려고 하는 걸 알고 있었습니다.

가만히 / 답답하다 / 궁금하다 / 감동 / 붕대를 감다

문제 1 윗글의 순서를 찾으십시오.

___ → ___ → ___ → ___ → ___ → ___

문제 2 윗글의 내용과 다른 것을 고르십시오. (　　)

① 나는 일요일에 다리를 다쳤습니다.

② 나는 빨리 나아서 학교에 가고 싶습니다.

③ 율리아 씨가 사 준 책은 학교에서 배운 것입니다.

④ 준코 씨는 나를 즐겁게 해 주려고 장난을 쳤습니다.

303

말하기

※ 여러분 나라에서는 병문안을 갈 때 어떤 선물을 사 가지고 갑니까?
   사 가지고 가면 안 되는 선물은 어떤 것이 있습니까?

※ 친구와 함께 병문안을 주제로 대화를 만들어 봅시다.
   한 사람은 환자가 되고, 한 사람은 병문안 온 손님이 되어 이야기를 나누어 보십시오.

 쓰기

※ 여러분은 친구가 아플 때 병문안을 가거나 여러분이 아플 때 친구가 병문안을 온 적이 있습니까?
 그 일을 생각하면서 써 보십시오.

언제, 누가 아팠습니까?	
병문안을 갔을 때/왔을 때 기분이 어땠습니까?	
무엇을 사 왔습니까/사 갔습니까?	

28

LESSON

나도 행복을 주는
사람이 되고 싶다

• 문어체 표현 • 감정 서술하기

1. A-다　V-는/ㄴ다　N(이)다
2. A/V-았/었다　N이었다/였다
3. A/V-을/ㄹ 것이다　N일 것이다

여러분은 요즘 일기를 쓰고 있습니까?

일기를 쓸 때 무슨 내용을 써야 합니까?

본문

8월 16일 목요일 날씨 : 맑음

한국에 온 지 벌써 6개월이 되었다. 처음에는 한국어를 전혀 못해서 걱정이었다. 그래서 사람들을 만나는 것이 무섭고 항상 긴장이 되었다. 또 한국에는 러시아 학생이 별로 없어서 처음에는 많이 외로웠다. 1급 때는 한국 생활이 힘들고 심심했다. 하지만 이제는 한국어도 꽤 많이 늘고 친구들도 많이 사귀어서 한국 생활이 너무 즐겁다.

우리 반 친구들 중에서 나는 준코 씨와 제일 친하다. 준코 씨는 일본 사람이다. 준코 씨는 명랑하고 활발해서 모든 친구들에게 인기가 많다. 준코 씨는 한국말은 참 잘하는데 시험은 잘 못 본다. 아마 준코 씨는 공부보다 한국 생활에서 한국어를 더 많이 배우는 것 같다.

나는 준코 씨와 3급에서도 함께 공부하고 싶은데 준코 씨의 시험 성적이 안 좋아서 걱정이다. 그렇지만 준코 씨처럼 한국어를 배우는 것도 중요하다. 대학교 입학 때문이 아니라 그냥 한국어가 좋아서 즐겁게 한국어를 배우기 때문이다. 그래서 준코 씨는 한국에서 항상 즐겁게 생활하려고 한다. 그래서 준코 씨와 같이 있으면 정말 행복하다. 나도 행복을 주는 사람이 되고 싶다.

나는 처음에 한국에 왔을 때 어땠습니까?

나는 어떤 사람이 되고 싶습니까?

Lesson 28
나도 행복을 주는
사람이 되고 싶다

어휘와 표현

일기	모든	친하다	외롭다
무섭다	인기가 많다	행복하다	명랑하다
하지만	긴장이 되다		

1 긴장이 되다 ⟺ 긴장이 안 되다

긴장을 하다 ⟺ 긴장을 안 하다

긴장이 많이 되면 물을 좀 드세요.

저는 긴장을 하면 손에 땀이 나고 배가 아파요.

2 외롭다

한국에서 혼자 있으니까 정말 외로워요.

저는 외로우면 가족에게 전화를 하거나 편지를 써요.

3 하지만

가 : 한국어 공부가 재미있어요?

나 : 네, 재미있어요. 하지만 조금 어려워요.

4 모든

모든 외국어는 다 어려운 것 같아요.

모든 사람들이 다 착한 것은 아니에요.

5 N와/과[하고, (이)랑] 친하다

가 : 왕밍 씨는 우리 반 친구 중에서 누구하고 가장 친해요?

나 : 저는 준코 씨랑 가장 친해요.

6 인기가 있다[많다] ⟺ 없다[적다]

준코 씨는 재미있고 친절해서 인기가 많아요.

저도 호앙 씨처럼 여자 친구들에게 인기가 많으면 좋겠어요.

 문법

① A-다   V-는/ㄴ다   N(이)다   〈현재〉

지우 씨는 키가 큽니다.   ⇒ 지우 씨는 키가 크다.
지우 씨는 일기를 씁니다.   ⇒ 지우 씨는 일기를 쓴다.
지우 씨는 베트남 사람입니다. ⇒ 지우 씨는 베트남 사람이다.

연습 1 문형연습을 해 봅시다.

형용사(A)	-다	동사(V)	-는/ㄴ다	명사(N)	(이)다
멋있어요		쉬어요		의사	
귀여워요		사요		가수	
추워요		들어요		책상	
달아요		놀아요		선생님	
커요		앉아요		물	

연습 2 다음 [보기]와 같이 써 보십시오.

> 보기
> 우리는 하루에 4시간 한국어를 공부해요
> ☞ 우리는 하루에 4시간 한국어를 공부한다.

(1) 제 고향은 산이 많아서 아주 아름다워요.

  ☞ _____.

(2) 호앙 씨는 김치찌개를 제일 좋아해요.

  ☞ _____.

(3) 지은 씨의 남자친구는 의사예요.

  ☞ _____.

(4) 제 친구는 한국 음식을 잘 만들어요.

  ☞ _____.

2 A/V-았/었다   N이었다/였다   〈과거〉

김치찌개가 맛있었습니다.   ⇒ 김치찌개가 맛있었다.
1년 전에 한국에 왔습니다.   ⇒ 1년 전에 한국에 왔다.
지난 주말에 저는 아르바이트를 했습니다.   ⇒ 지난 주말에 나는 아르바이트를 했다.
한국에 오기 전에 저는 대학생이었습니다.   ⇒ 한국에 오기 전에 나는 대학생이었다.

연습 1 문형연습을 해 봅시다.

형용사/동사 (A/V)	-았/었다	명사(N)	이었다/였다
사요		배우	
들어요		요리사	
놀아요	☞	여자친구	☞
앉아요		간호사	
멋있어요		여행안내원	
가까워요		회사원	
아파요		고등학생	

연습 2 다음 [보기]와 같이 써 보십시오.

보기
우리는 하루에 4시간 한국어를 공부했어요
☞ 우리는 하루에 4시간 한국어를 공부했다.

(1) 저는 2주 전에 친구들과 설악산에 갔어요.
    ☞ _____ .

(2) 저는 1년 전에 고등학생이었어요.
    ☞ _____ .

(3) 오늘은 비가 와서 교실이 어두웠어요.
    ☞ _____ .

(4) 어릴 때는 머리가 길었어요.
    ☞ _____ .

③ A/V-을/ㄹ 것이다　　N일 것이다　　　　　　　　〈미래〉

-을 것이다	받침이 있을 때	먹다　⇒ 먹을 것이다
-ㄹ 것이다	받침이 없을 때 받침이 'ㄹ' 일 때	예쁘다 ⇒ 예쁠 것이다 팔다　⇒ 팔 것이다

그 사람은 키가 클 겁니다. ⇒ 그 사람은 키가 클 것이다.

그 가게에서 지금 꽃을 안 팔 겁니다. ⇒ 그 가게에서 지금 꽃을 안 팔 것이다.

나는 앞으로 조금만 먹을 것입니다. ⇒ 나는 앞으로 조금만 먹을 것이다.

연습 1　문형연습을 해 봅시다

형용사/동사 (A/V)	을/ㄹ 것이다	명사(N)	일 것이다
멋있다		친구	
앉다			
크다		시계	
아프다			
쉬다		선물	
*듣다			
*춥다		학생	
*돕다			
달다		회사원	
만들다			

연습 2　다음 [보기]와 같이 써 보십시오.

> **보기**
>
> 내일 놀이공원에 갈 거예요. ☞ 내일 놀이공원에 갈 것이다.

(1) 저는 내일 동대문 시장에 갈 거예요. ☞ _____.

(2) 저는 프랑스로 여행을 갈 겁니다. ☞ _____.

(3) 저는 부자가 될 거예요. ☞ _____.

 듣기

새 단어 적다 느끼다 반성하다

※【1~2】 다음을 잘 듣고 질문에 답하십시오.

문제 1 다음 중 맞는 것을 고르십시오. (   )

① 일기를 쓰면 나중에 추억이 됩니다.

② 일기는 꼭 자기 나라말로 써야 합니다.

③ 일기는 하루의 일을 모두 쓰는 글입니다.

④ 일기는 다른 사람의 생각을 쓰는 것입니다.

문제 2 하루 동안의 일을 쓰는 글을 무엇이라고 합니까? 쓰십시오.

읽기

※ 지우 씨의 일기입니다. 다음을 읽고 질문에 답하십시오.

1월 5일 화요일 날씨 : 맑음

오늘은 내 생일이다. 한국에 온 뒤 첫 번째 생일이어서 나에게는 조금 특별한 날이다. 친구들이 나를 위해서 깜짝 생일 파티를 열어 주었다. 나와 가장 친한 준코 씨도 나에게 생일 파티에 대해서 말하지 않았다.

수업 준비를 하고 있는데 몇 명의 친구들이 폭죽을 터뜨렸다. 나는 깜짝 놀랐다. 준코 씨가 생일 축하한다고 말했다. 밖에서 친구들이 케이크를 들고 교실로 들어왔다. 그리고 생일 축하 노래를 불러 주었다. 나는 너무 행복해서 눈물이 났다. 노래가 끝나고 촛불을 껐다. 나는 너무 행복했다.

수업이 끝나고 우리는 함께 점심을 먹고 차를 마셨다. 차를 마시면서 내 생일 케이크도 먹었다. 이제까지 먹어 본 케이크 중에 제일 맛있는 케이크였다. 친구들에게 고마워서 차를 내가 샀다. 준코 씨가 나에게 작은 선물을 주었다. 집에 와서 보니까 예쁜 머리핀이었다. 내일 이 머리핀을 하고 학교에 가야겠다.

한국에 온 지 벌써 1년이 되었다. 그동안 힘들고 외로운 날도 있었는데 이제는 한국어도 많이 늘고 친구들도 많이 사귀어서 한국 생활이 즐겁다. 나도 친구들에게 더 잘해 줄 것이다. 그리고 앞으로 친구들의 생일 파티도 열어 줄 것이다.

폭죽 / 터뜨리다 / 촛불 / 끄다 / 머리핀 / (파티를) 열다

문제 1 다음 중 맞지 <u>않는</u> 것은 무엇입니까? (　　　)

① 지우 씨는 친구들 대신에 차를 샀다.

② 지우 씨는 친구들에게 감동을 받았다.

③ 지우 씨는 준코 씨에게 작은 선물을 주었다.

④ 지우 씨의 친구들은 지우 씨의 생일을 알고 있었다.

문제 2 오늘 날씨는 어떻습니까? 위에서 찾아서 써 보십시오.

 쓰기

※ 여러분은 한국에 온 첫날을 기억합니까? 한국에 온 날을 생각하면서 일기를 써 봅시다.

한국에 오면서 무슨 생각을 했습니까?

한국에 온 날 날씨는 어땠습니까?

한국에 도착해서 무슨 생각을 했습니까?

고향에서 생각한 한국과 무엇이 같고 무엇이 달랐습니까?

한국에 온 첫날 잠자기 전에 무슨 생각을 했습니까? 또 어떤 결심을 했습니까?

월   일   요일   날씨 :

29
LESSON

한국어 공부가 재미있고 쉽다고 생각했다

• 의견 표현 • 회상하기

1. A-은/ㄴ지 알다[모르다]   V-는지 알다[모르다]
   N인지 알다[모르다]
2. A-다고 생각하다   V-는다고 생각하다
   N(이)라고 생각하다

처음 한국에 왔을 때 어땠습니까?

지금은 그때를 생각하면 어떻습니까?

본문

우리 학교에서 공부를 제일 잘하는 왕밍 씨가 쓴 글입니다.

내가 한국어를 공부한 지 벌써 반년쯤 되었다.

처음 한국어를 공부했을 때는 한국어 공부가 재미있고 쉽다고 생각했다. 조금 더 공부한 후에는 재미있지만 조금 어렵다고 생각했다. 하지만 지금의 내 생각은 원래의 생각과 다르다. 지금은 한국어 공부가 진짜 어려워서 죽을 것 같다!

친구들이 한국어를 빨리 배우는 방법에 대해서 나에게 물어보는데, 사실 나도 어떻게 하면 되는지 알고 싶다. 하지만 모든 외국어 공부는 특별한 방법이 없는 것 같다. 한 걸음 한걸음 앞으로 나아가는 것이 중요하다고 생각한다. 그래서 매일 연습하는 것이 제일 좋은 공부 방법이다.

매일 숙제를 열심히 하는 것도 좋은 공부 방법인 것 같다. 숙제를 하면서 오늘 배운 문법과 단어를 복습하면 따로 공부를 안 해도 괜찮기 때문이다. 수업 시간에 공부하는 것도 정말 중요하다. 선생님께 질문을 할 수도 있고 말하기와 듣기 연습도 할 수 있다.

수업과 숙제도 중요하지만 노는 시간도 중요하다. 혼자 있을 때 주위의 한국 사람들이 이야기하는 것을 들으면 우리는 듣기 연습을 할 수 있다. 한국 친구와 같이 놀 때는 말하기 연습도 할 수 있고 한국 문화도 배울 수 있어서 더 좋다.

한국어 공부가 어렵지만 매일 이렇게 꾸준히 공부하면 몇 년 후에는 한국어를 잘할 수 있게 될 거라고 생각한다.

왕밍 씨는 한국어 공부가 어떻다고 생각했습니까?

한국어를 잘하려면 어떻게 해야 됩니까?

어휘와 표현

글	나아가다	복습
꾸준히	원래	한걸음
따로	주위	사실

1 원래

저는 원래 서울 사람이에요.

원래는 매운 음식이 싫었어요.

세일을 하는 물건은 원래 가격보다 훨씬 싸요.

2 사실

어제는 사실 제 생일이었어요.

말은 안 했지만 사실 나는 그를 사랑한다.

거짓말을 하지 말고 사실을 이야기하세요.

3 따로

우리만 따로 한 번 만납시다.

방학 때 저도 따로 계획이 있어요.

가 : 왕밍 씨는 정말 한국어를 잘하는군요. 어떻게 공부해요?

나 : 따로 특별한 방법이 있지 않아요. 그냥 열심히 공부하면 돼요.

4 꾸준히

저는 매일 저녁에 꾸준히 운동을 하고 있어요.

공부하면서 꾸준히 아르바이트를 해서 돈을 꽤 모았어요.

힘들어도 꾸준히 공부하면 곧 한국어를 잘하게 될 거예요.

319

문법

1 A-은/ㄴ지 알다[모르다]
V-는지 알다[모르다]
N인지 알다[모르다]

그 사람이 얼마나 멋있는지 모르겠어요.
어떻게 공부해야 하는지 잘 모르겠어요.

가 : 지은 씨 집이 어디인지 알아요?
나 : 저는 지은 씨 집이 어디인지 몰라요.

연습 1　[보기]와 같이 문형연습을 해 봅시다.

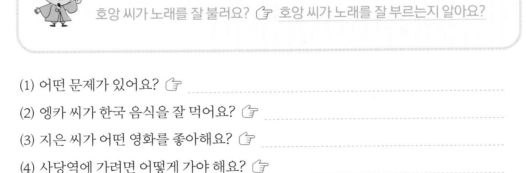

보기

호앙 씨가 노래를 잘 불러요?　☞　호앙 씨가 노래를 잘 부르는지 알아요?

(1) 어떤 문제가 있어요? ☞ _____

(2) 엥카 씨가 한국 음식을 잘 먹어요? ☞ _____

(3) 지은 씨가 어떤 영화를 좋아해요? ☞ _____

(4) 사당역에 가려면 어떻게 가야 해요? ☞ _____

연습 2　[보기]와 같이 문형연습을 해 봅시다.

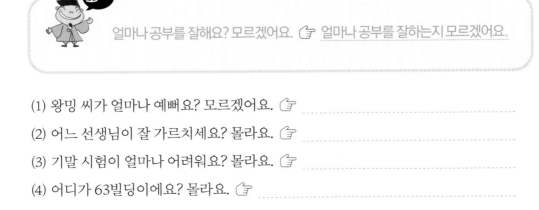

보기

얼마나 공부를 잘해요? 모르겠어요. ☞ 얼마나 공부를 잘하는지 모르겠어요.

(1) 왕밍 씨가 얼마나 예뻐요? 모르겠어요. ☞ _____

(2) 어느 선생님이 잘 가르치세요? 몰라요. ☞ _____

(3) 기말 시험이 얼마나 어려워요? 몰라요. ☞ _____

(4) 어디가 63빌딩이에요? 몰라요. ☞ _____

2 A-다고 생각하다
V-는/ㄴ다고 생각하다
N(이)라고 생각하다

저는 호앙 씨가 정말 착하다고 생각해요.

포기하지 말고 꾸준히 공부해야 한다고 생각해요.

저는 저 분이 김 선생님이라고 생각해요.

연습 1 [보기]와 같이 문형연습을 해 봅시다.

> **보기**
>
> 호앙 씨는 노래를 잘 불러요.
> ☞ 저는 호앙 씨가 노래를 잘 부른다고 생각해요.

(1) 지우 씨는 한국 음식을 잘 만들어요. ☞ _____.

(2) 엥카 씨가 한국 노래를 좋아해요. ☞ _____.

(3) 버스보다 지하철이 빨라요. ☞ _____.

(4) 학교에 오는 길이 너무 힘들어요. ☞ _____.

(5) 왕밍 씨가 참 예뻐요. ☞ _____.

(6) 한국어 발음이 아주 어려워요. ☞ _____.

(7) 기말 시험은 쉬워요. ☞ _____.

(8) 한국의 겨울은 아주 추워요. ☞ _____.

(9) 라이언 씨는 친절한 사람이에요. ☞ _____.

연습 2 [보기]와 같이 친구와 함께 이야기해 봅시다.

> **보기**
>
> 가 : 수업 시간에 휴대폰을 사용하는 것에 대해서 어떻게 생각해요?
> 나 : 좋지 않다고 생각해요. 수업 시간에 휴대폰 소리가 나면 시끄러우니
> 까요.

질문	생각	이유
약속시간에 늦는 것		
텔레비전을 많이 보는 것		
일찍 결혼하는 것		

듣기

새 단어 국제결혼

문제 1 다음을 잘 듣고 질문에 맞는 답이 <u>아닌</u> 것을 고르십시오. (　　)

① 잘 모르겠어요.

② 저는 별로 하고 싶지 않아요.

③ 저는 언제 결혼할지 모르겠어요.

④ 저는 사랑하면 괜찮다고 생각해요.

 읽기

※ 다음을 읽고 질문에 답하십시오.

 나는 한국에 온 지 2달이 되었다. 나는 한국 노래랑 드라마, 한국 음식을 좋아한다. 한국어를 배우면 한국에 대해 더 잘 알 수 있으니까 한국에 왔다.

처음 한국에 왔을 때 3월이라서 날씨가 조금 추웠다. 한국이 고향보다 훨씬 더 추운 것 같다. 나는 기숙사에서 살고 있는데 학교랑 가까워서 학교 가기가 편하다. 또 기숙사 1층에 헬스장이 있어서 일주일에 두 번 운동도 하고 있다.

요즘 날씨가 따뜻해져서 방학 때 여행을 가려고 한다. 나는 고향에 있을 때 한국에서 부산에 가장 가고 싶었다. 부산은 바다가 있기 때문에 경치가 아름답고 해산물도 신선하다고 들었다. 앞으로 유학 생활을 하는 동안 더 다양하고 재미있는 경험을 많이 하고 싶다.

해산물 / 경험

문제 1   다음 중 글의 내용과 같은 것을 고르십시오. (   )

① 나는 부산에 여행을 간 적이 있다.

② 나는 학교 운동장에서 자주 운동을 한다.

③ 우리 고향이 한국보다 더 춥다고 생각한다.

④ 부산에서 바다도 볼 수 있고 해산물도 먹을 수 있다.

문제 2   부산은 어떻습니까? 위에서 찾아서 써 보십시오.

쓰기

※ 지금까지 살면서 어떤 일이 제일 기억에 남습니까? 제일 기쁜 일, 슬픈 일, 행복한 일 등 기억에 남는 경험을 써 보십시오.

> A/V-았/었을 때　　A-은/ㄴ지, V-는지, N인지 알다[모르다]
>
> V-는/ㄴ다고 생각하다　　A-다고 생각하다　　N(이)라고 생각하다

memo

30

LESSON

우리 제주도에 가자

학습 목표	• 반말 표현 • 계획 세우기
문 법	1. A/V-아/어 / N(이)야 2. A/V-냐/니/지? 3. V-자 4. V-아/어라

한국에 와서 친구들과 여행을 한 적이 있습니까?

여러분은 제주도에 대해 알고 있는 것이 있습니까?

본문

반 친구들이 교실에서 이야기를 합니다.

라이언: 곧 방학인데 너희들 뭐 할 거야?

준 코: 글쎄……. 나는 아직 계획이 없는데……. 호앙, 너는 뭐 할 거니?

호 앙: 나는 아직 한국에서 여행을 해 본 적이 없어서 여행을 가려고 해.

율리아: 정말? 나도 여행을 가려고 하는데, 같이 가자.

준 코: 나도 가고 싶어. 나도 데려가 줘.

라이언: 그럼, 우리 반 친구들 모두 같이 여행을 가는 게 어때?

호 앙: 좋아, 그러자. 방학이 시작되면 고향으로 돌아가는 친구들도 많으니까 마지막으로 다 같이 여행하면 좋을 거 같아.

엥 크: 그거 좋은 생각이다. 그럼 우리 어디로 가면 좋을까?

준 코: 제주도 어때?

호 앙: 좋아. 한국에서 제일 유명한 섬이니까 한번 가 보자.

율리아: 응, 제주도는 날씨가 따뜻하니까 자전거로 여행을 하면 재미있겠다.

라이언: 이번 학기가 별로 안 남았으니까 내가 여행사에 알아볼게.

엥 크: 와, 우리 반 모두 여행 가는 거야? 정말 기대된다.

반 친구들은 무엇에 대해서 이야기를 합니까?

라이언 씨는 무엇을 하기로 했습니까?

어휘와 표현

계획이 있다[없다]	돌아가다	여행사	기대되다
-아[야]	마지막	시작되다	응
섬	유명하다		

1 계획이 있다 ⇔ 없다

계획이 있으면 그 계획을 지키는 것이 중요해요.

가 : 이번 방학에 별일이 없으면 같이 여행 갈래요?
나 : 음, 아직 계획이 없지만 아마 고향에 갈 것 같아요.

2 N아[야]

지은아, 내일 같이 여행 갈까?
현수야, 나는 내일 일이 있어서 못 가겠어.

3 마지막

오늘 학교에 마지막으로 온 사람이 누구예요?

가 : 너무 많이 마셨는데 그만 마시는 게 어때요?
나 : 마지막으로 한 잔만 더 마실게요.

4 응 ↔ 아니

가 : 이 책 읽어 봤니?
나 : 아니. 재미있어?
가 : 응, 아주 재미있어. 꼭 읽어 봐.

5 기대되다

가 : 이 선물이 기대되지요?
나 : 네, 빨리 보고 싶어요.

가 : 이번 문화 수업은 바다로 가요.
나 : 와, 정말 기대돼요.

329

 문법

① A/V-아/어
　N(이)야

평서문	A/V-아/어요 A/V-습/ㅂ니다	A/V-아/어	먹다 ⇒ 먹어 가다 ⇒ 가 예쁘다 ⇒ 예뻐
		A-다 V-는/ㄴ다	맛있다 ⇒ 맛있다 읽다 ⇒ 읽는다
	N이에요/예요 N입니다	N이야/야	학생 ⇒ 학생이야 친구 ⇒ 친구야
		N(이)다	한국 ⇒ 한국이다 시계 ⇒ 시계다

내 동생은 귀여워.

우와, 멋있다!

나는 지금 밥을 먹어.

이건 컴퓨터야.

연습 1　문형연습을 해 봅시다.

동사(V)		A/V-아/어	형용사(A)		A/V-아/어
쉬다			*크다		
사다			*아프다		
앉다	☞		많다	☞	
*놀다			멋있다		
*듣다			길다		
*돕다			*춥다		

명사(N)		N이야/야
학생		
책		
한국	☞	
물		
시계		
친구		

② A/V-아/어?　　N이야/야?
　A/V-냐? /-니?　N(이)냐? / (이)니?

의문문	A/V-아/어요? A/V-습/ㅂ니까?	A/V-아/어?	먹다 ⇒ 먹어? 가다 ⇒ 가? 예쁘다 ⇒ 예뻐?
		A/V-냐?	먹다 ⇒ 먹냐? 가다 ⇒ 가냐? 예쁘다 ⇒ 예쁘냐?
		A/V-니?	먹다 ⇒ 먹니? 가다 ⇒ 가니? 예쁘다 ⇒ 예쁘니?
	N이에요/예요? N입니까?	N이야/야?	학생 ⇒ 학생이야? 친구 ⇒ 친구야?
		N(이)냐?	학생 ⇒ 학생이냐? 친구 ⇒ 친구냐?
		N(이)니?	학생 ⇒ 학생이니? 친구 ⇒ 친구니?
	A/V-지요? N(이)지요?	A/V-지? N(이)지?	먹지요? ⇒ 먹지? 학생이지요? ⇒ 학생이지?
	V-을/ㄹ까요?	V-을/ㄹ까?	갈까요? ⇒ 갈까?

가: 그 사람은 키가 크니?

나: 아니, 크지 않아.

가 : 밥 먹었냐?

나 : 응, 먹었어.

연습 1　문형연습을 해 봅시다.

동사(V)	A/V-아/어? A/V-냐?/니?	형용사(A)	A/V-아/어? A/V-냐?/니?	명사(N)	N이야/야? N(이)냐?/(이)니?
쉬다?		크다?		학생?	
사다?		아프다?		책?	
앉다?	☞	많다?	☞	한국?	☞
놀다?		멋있다?		물?	
듣다?		길다?		시계?	
돕다?		춥다?		친구?	

3 V–자

청유문	V-아/어요	V-아/어	가다 ⇒ 같이 가요 ⇒ 같이 가 먹다 ⇒ 같이 먹어요 ⇒ 같이 먹어
	V-읍/ㅂ시다	V-자	가다 ⇒ 갑시다 ⇒ 가자 먹다 ⇒ 먹읍시다 ⇒ 먹자
	V-지 맙시다	V-지 말자	가다 ⇒ 가지 맙시다 ⇒ 가지 말자 먹다 ⇒ 먹지 맙시다 ⇒ 먹지 말자

가 : 오늘 우리 영화 볼 거지?

나 : 응, 이따가 수원역에서 만나자.

가 : 수업 끝나고 같이 밥 먹을래?

나 : 아니, 오늘은 안 돼. 내일 먹자.

연습 1 문형연습을 해 봅시다.

동사(V)	-자		동사(V)	-지 말자
쉬다			뛰다	
사다			하다	
먹다			보다	
웃다	☞		묻다	☞
듣다			않다	
걷다			읽다	
돕다			놀다	
줍다			만들다	

332

4 V-아/어라

명령문	V-(으)세요	V-아/어	가다 ⇒ 가세요 ⇒ 가 먹다 ⇒ 드세요 ⇒먹어
	V-(으)십시오	V-아/어라	가다 ⇒ 가십시오 ⇒ 가라 먹다 ⇒ 드십시오 ⇒ 먹어라
	V-지 마세요	V-지 마	가다 ⇒ 가지 마세요 ⇒ 가지 마 먹다 ⇒ 드시지 마세요 ⇒먹지마
	V-지 마십시오	V-지 마라	가다 ⇒ 가지 마십시오⇒ 가지 마라 먹다 ⇒ 드시지 마십시오 ⇒먹지마라

가 : 오늘 뭐 하고 놀까?

나 : 놀지 말고 공부해라.

가 : 같이 밥 먹을까?

나 : 할일이 있으니까 먼저 먹어.

연습 1 문형연습을 해 봅시다.

동사(V)	-아/어라	동사(V)	-지 마(라)
쉬다		쉬다	
사다		사다	
먹다		먹다	
웃다		웃다	
놀다		놀다	
*듣다		듣다	
*걷다		걷다	
*돕다		돕다	
*줍다		줍다	

듣기

새 단어 N박 N일   항공권   숙박   관광가이드   포함되다

※ [1–2] 다음을 잘 듣고 이어질 수 있는 알맞은 대답을 고르십시오.

문제 1 (   )

① 아닌데.

② 약속 있어. 같이 가자.

③ 약속은 없지만 좀 바빠.

④ 약속이랑 시간이랑 둘 다 있어.

문제 2 (   )

① 정말? 왜 갔어?

② 그래? 왜 안 갔어?

③ 그랬구나. 나도 갔어.

④ 학교에 갔구나. 잘했어.

문제 3   다음 중 맞는 것을 고르십시오. (   )

① 여행 예약은 지금 바로 해야 합니다.

② 지금 항공사 직원과 통화하고 있습니다.

③ 목요일에 출발하면 여행비가 더 쌉니다.

④ 여행비를 내면 식사를 모두 할 수 있습니다.

※ 다음을 읽고 질문에 답하십시오.

재미있는 제주 여행 300,000원!

국내 최고 여행사 '경기 여행사'에서 드리는 특별한 행사!

매주 금요일 오전에 출발, 월요일 오전에 돌아옵니다. 3박 4일!

(※ 두 명 이상 출발해야 합니다.)

요금에는 왕복 항공권과 숙박비(2인 1실), 식사(조식 불포함), 3일 관광비가 포함됩니다.

한라산, 성산일출봉, 한림 식물원, 드라마 촬영지 등을 관광할 수 있습니다.

저녁에는 제주 호텔에서 잡니다.

저렴한 가격으로 아름다운 제주도에서 행복한 주말을 보낼 수 있습니다.

매주 화요일에 예약이 끝나니까 미리 신청하세요.

자세한 것은 전화를 이용하십시오. (010-1123-4567)

왕복 / 숙박비 / N인 N실 / 관광비 / 조식

문제 1 윗글의 내용과 맞는 것을 고르십시오. (   )

① 이 여행은 아침 식사가 무료입니다.

② 이 여행은 혼자 갈 수 있습니다.

③ 이 여행은 4일 동안 여행할 수 있습니다.

④ 이 여행은 비행기 가격을 따로 내야 합니다.

문제 2 요금에는 무엇이 포함됩니까? 위에서 찾아서 쓰십시오.

335

 쓰기

※ 가장 친한 친구(한국 친구, 고향 친구)에게 반말로 편지를 써 보십시오.

보고 싶은 친구 (   )에게

_____

_____

_____

_____

_____

_____

_____

_____

_____

_____

_____

_____

_____

_____

_____

_____

_____

(   )년 (   )월 (   )일

너의 친구 (   )이/가

memo

31

LESSON

큰 소리가 나서 깜짝 놀랐어

학습 목표	감정 표현하기
문　법	1. V-아/어 버리다
	2. A/V-을/ㄹ 거야　N일 거야
	3. V₁ -자마자-V₂

다른 사람과 싸운 경험이 있습니까? 이유는 무엇이었습니까?

한국과 자기 나라의 문화가 달라서 이상하게 생각한 적이 있습니까?

본문

엥크 씨가 하숙집으로 돌아왔습니다.

엥　　크 : 어, 내 방에 누가 들어왔나? 앗, 내 맥주병들도 없어!
　　　　　아주머니, 제 방 청소하셨어요?

아주머니 : 응, 방이 더러우면 공부가 안 되니까 오늘 내가 청소했어.
　　　　　안 버린 병들도 많아서 내가 다 치워 버렸어. 깨끗하니까 기분 좋지?

엥　　크 : 저, 죄송하지만 이제 제 방 청소는 하지 마세요.
　　　　　그 맥주병들은 제가 모은 거니까 버리시면 안 돼요.

아주머니 : 왜? 그 병들을 모아서 뭐 하려고? 방에 냄새도 나고 더러운데.

엥　　크 : 제 취미 생활인데 왜 그러세요? 앞으로 제 방에 들어오시지 마세요.

아주머니 : 나는 엥크가 아들 같아서 청소도 해 주었는데 이제부터는 안 할게.
　　　　　알았다. 이제 상관 안 할 거야. 걱정 마.

저녁 시간에 밥을 먹으면서 친구들과 이야기를 합니다.

라이언 : 너 아까 아주머니랑 다퉜어? 방에서 자고 있는데 큰 소리가 나서 깜짝 놀
　　　　랐어.

엥　　크 : 응, 아주머니가 또 내 방에 마음대로 들어오셔서 내가 모은 병을 다 버려 버
　　　　리셨어.

라이언 : 그래? 속상했겠구나. 그래도 아주머니는 좋은 마음에서 그러신 건데 서운
　　　　하셨을 거야.

엥　　크 : 응, 나도 아까는 화가 나서 아주머니께 짜증을 내 버렸는데 지금 생각해 보
　　　　니까 너무 죄송해.

라이언 : 그럼 더 늦기 전에 사과를 드려.

엥　　크 : 응, 아주머니를 만나자마자 사과를 드려야겠어. 고마워.

엥크씨는 아주머니와 왜 다투었습니까?

아주머니는왜 엥크씨의 방을 치웠습니까?

어휘와 표현

모으다	냄새	깜짝	짜증
치우다	상관하다	놀라다	사과하다
다투다	속상하다	서운하다	

1 N을/를 모으다

제 취미는 우표를 모으는 것이에요.
학생들을 모아서 제 말을 좀 전해 주세요.
돈을 모아서 방학 때 여행을 가려고 해요.

2 N와/과 다투다

동생과 다투면 안 돼요.
어제 친구와 다투었어요.
친구와 다투면 꼭 화해해야 해요.

3 속상하다 / 서운하다

시험을 너무 못봐서 속상해요.

가 : 율리아 씨가 고향에 돌아가니까 너무 서운하네요.
나 : 너무 슬퍼하지 마세요. 자주 연락할게요.

4 (깜짝) 놀라다

날씨가 좋았는데 갑자기 비가 와서 깜짝 놀랐어요.

가 : 이거 생일 선물이에요.
나 : 와, 생각도 못 했는데. 깜짝 놀랐어요. 고마워요.

5 사과하다

잘못을 했으면 먼저 사과하세요.
정말 미안해요. 제 사과를 받아 주세요.
친구와 싸웠을 때는 먼저 사과하는 것이 좋아요.

 문법

1 V-아/어 버리다

돈을 다 써 버렸어요.

음료수를 다 마셔 버렸어요.

😊 가방을 잃어버렸어요.

😟 휴대폰 번호를 잊어버렸어요.

연습 1 [보기]와 같이 다음 대화를 완성해 보십시오.

> **보기**
>
> 가 : 왜 숙제를 안 했어?
>
> 나 : (자다) 너무 피곤해서 그냥 자 버렸어.

(1) 가 : 밥 있어?

　　나 : (다 먹다) 미안해. _____.

(2) 가 : 요즘 여자 친구 왜 안 만나?

　　나 : (헤어지다) _____.

(3) 가 : 왜 이렇게 시험을 못 봤어?

　　나 : (공부 안 하고 자다) _____.

(4) 가 : 오늘 학교에 왜 늦었어요?

　　나 : (버스를 놓치다) _____.

(5) 가 : 호앙 씨 기분이 안 좋아 보여요.

　　나 : (카메라가 고장나다) _____.

연습 2 [보기]와 같이 '잃어버리다'와 '잊어버리다' 중에서 알맞은 단어를 써 보십시오.

> **보기**
>
> 어제 지하철에서 가방을 잃어버렸어요.

(1) 친구 전화번호를 쓴 메모를 _____.

(2) 친구와 한 약속을 _____.

(3) 어제 수원역에서 지갑을 _____.

(4) 친구 전화번호를 들었는데 _____.

❷ A/V-을/ㄹ 거야　N일 거야

가 : 친구에게 이 옷을 선물하려고 하는데, 클까?

나 : 그 친구가 나보다 키가 작지? 그러면 좀 클 거야.

가 : 내일 날씨가 좋을까?

나 : 아니, 아마 비가 올 거야.

😊 나는 방학 때 아르바이트를 할 거야.

연습 1　문형연습을 해 봅시다.

형용사(A)	을/ㄹ거야	동사(V)	을/ㄹ거야	명사(N)	일 거야
싸다		쉬다		시계	
아프다		사다			
작다		먹다		친구	
멋있다 ☞		읽다 ☞			☞
*가깝다		*듣다		학생	
*춥다		*돕다			
달다		*놀다		선물	
힘들다		*낫다			

연습 2　[보기]와 같이 다음 대화를 완성해 보십시오.

> **보기**
>
> 가 : 방학 동안 많이 보고 싶겠지?
>
> 나 : 응, 많이 보고 싶을 거야.

(1) 가 : 이 옷 내가 입으면 예쁘겠지?

　　나 : (어울리다) 응, _____.

(2) 가 : 저 음식 맛있겠지?

　　나 : (맛있다) 응, _____.

(3) 가 : 방학 때 학생들이 많이 고향에 가겠지?

　　나 : (가다) 응, _____.

3 V₁ −자마자 V₂

의사를 보자마자 아이가 울었어요.

저는 항상 집에 가자마자 숙제를 해요.

어제는 너무 피곤해서 집에 가자마자 바로 잤어요.

연습 1 [보기]와 같이 문형연습을 해 봅시다.

> **보기**
>
> 수업이 끝나요. 집에 가요. ☞ 수업이 끝나자 마자 집에 가요.

(1) 일어나요. 물을 마셔요. ☞ _____ .

(2) 집에 가요. 손을 씻어요. ☞ _____ .

(3) 밥을 먹어요. 설거지를 해요. ☞ _____ .

(4) 책을 읽어요. 잠을 자요. ☞ _____ .

연습 2 [보기]와 같이 대화를 만들어 보십시오.

> **보기**
>
> 가 : 수업이 끝나면 집에 가서 무엇을 하세요?
>
> 나 : 저는 수업이 끝나자마자 집에 가서 밥을 먹어요.

(1) 가: 어제 집에 가서 뭐 했어요?

　　나: 너무 피곤해서 _____ 잤어요.

(2) 가: 병원이 어디에 있어요?

　　나: 백화점을 _____ 오른쪽에 있어요.

(3) 가: 마이클 씨는 벌써 갔어요?

　　나: 네, 수업이 _____ .

(4) 가: 방학에 뭐 할 거야?

　　나: _____ .

 듣기

문제 1   다음을 잘 듣고 <u>틀린</u> 대화를 고르십시오. (   )

①   ②   ③   ④

 읽기

※ 다음을 읽고 질문에 답하십시오.

> 엠　크 : 저, 아주머니. 아까는 정말 죄송했어요. 제가 모은 병이 없어진 걸 보고 깜짝 놀라서 그랬어요. 죄송합니다.
>
> 아주머니 : 그래. 나도 너한테 물어보지도 않고 네 물건을 치워서 정말 미안했다.
>
> 엠　크 : 아니에요. 아주머니는 저를 생각해서 제 방을 깨끗하게 치워 주시려고 그러신 건데 제 생각만 한 것 같아요.
>
> 아주머니 : 외국 학생들은 자기 생활을 중요하게 생각하고 또, 자기 물건을 마음대로 버리면 싫어하는 걸 알고 있었는데 앞으로는 더 조심할게.
>
> 엠　크 : 그렇게 생각해 주시니까 너무 감사해요. 저는 아주머니가 제일 좋아요!
>
> 아주머니 : 나도 외국 학생들이랑 살아서 너무 즐겁고 좋아. 같이 살면 여러 가지 재미있는 일이 많으니까. 그럼 우리 오늘 밤에 삼겹살 파티할까?
>
> 엠　크 : 와! 좋아요. 맛있겠다!
>
> 삼겹살 / 화해하다

문제 1　다음 중 윗글의 내용과 <u>다른</u> 것은 무엇입니까? (　　　)

① 아주머니는 외국 학생과 사는 일이 힘들다고 생각합니다.

② 엥크 씨는 아주머니께 먼저 잘못을 했다고 사과했습니다.

③ 아주머니는 화해의 기념으로 삼겹살 파티를 하려고 합니다.

④ 아주머니는 엥크 씨의 방을 치우면서 병을 버려 버렸습니다.

문제 2　외국 학생들은 무엇을 중요하게 생각합니까? 위에서 찾아서 쓰십시오.

 쓰기

※ 여러분은 다른 사람과 다툰 적이 있습니까? 왜 다퉜습니까? 다툰 후에 어떻게 했습니까?
다툰 경험에 대해서 써 보십시오.

1. 언제 누구와 다퉜습니까?

2. 왜 다퉜습니까?

3. 다툰 후 어떻게 했습니까?

4. 사과를 한 후
그 친구와 화해했습니까?

듣기 대본

LESSON 1

① 저 분의 성함이 어떻게 되십니까?

② 안녕하세요? 제 이름은 지우라고 합니다. 베트남 사람입니다.

저는 한국어도 배우고 남자 친구도 만나려고 한국에 왔습니다. 제 남자 친구는 한국 사람인데 비행기 안에서 만났습니다. 한국에 와 보니까 한국이 너무 좋습니다.

요즘 제 취미는 한국어 공부입니다. 저는 한국에서 한국말을 배워서 비행기 승무원이 되고 싶습니다.

저는 운동하는 것은 좋아하지만 요즘 바빠서 매일 하지는 못합니다.

LESSON 2

① 외국 학생이 책을 빌리려면 어떻게 해야 돼요?

② 사 서 : 어떻게 오셨어요?

율리아 : 네, 대출증을 찾으러 왔습니다.

사 서 : 이름이 무엇입니까?

율리아 : 저는 율리아라고 합니다.

사 서 : 러시아에서 온 학생이 맞습니까?

율리아 : 네, 맞습니다.

사 서 : 대출증을 찾으려면 여기에 사인을 해야 됩니다.

율리아 : 네? 사인이 무엇입니까?

사 서 : 여기에 이름을 쓰는 것입니다.

율리아 : 네, 알겠습니다. 그럼 오늘부터 바로 책을 빌릴 수 있어요?

사 서 : 네, 물론이에요.

LESSON 3

① 통장을 만들려고 하는데, 어떻게 해야 돼요?

②-③ 가 : 어서 오세요. 어떻게 오셨어요?

나 : 환전을 좀 하려고요. 오늘은 환율이 어떻게 됩니까?

가 : 1달러에 1,200원입니다.

나 : 100달러를 환전해 주세요.

가 : 네, 여기 있습니다. 그런데 손님, 체크카드는 있으세요?

나 : 아니요, 외국인이 카드를 만들려면 너무 복잡해서 안 만들었는데 조금 불편해요.

가 : 그러면 체크카드를 만들어 드릴까요? 체크카드는 통장과 신분증이 있으면 만드실 수 있어요.

나 : 그래요? 체크카드가 있으면 인터넷 쇼핑도 할 수 있어요?

가 : 네, 그런데 인터넷으로 물건을 사려면 인터넷 뱅킹도 신청하셔야 해요.

나 : 그러면 그것도 해 주세요.

가 : 여기 신청서에 이름과 외국인등록번호, 주소, 전화번호를 쓰시고 인터넷 뱅킹 아이디와 비밀번호를 써 주세요.

나 : 네, 저쪽에서 써 올게요.

LESSON 4

① 한국어로 인터넷을 할 줄 알아요?

② 진웨이 : 저는 오늘 노래방에 처음 왔어요. 지우 씨는요?

지 우 : 저는 몇 번 와 봤어요. 진웨이 씨, 한국 노래를 부를 줄 알아요?

진웨이 : 아니요, 지우 씨는요?

지 우 : 몇 곡 정도 부를 수 있어요. 그렇지만 잘 못 불러요.
　　　　이 노래방에는 중국 노래가 많은데, 중국 노래는 부를 수 있지요?

진웨이 : 물론이에요. 그럼 저는 중국 노래를 부를게요.

듣기 대본

 LESSON 5

1 시간이 있으면 뭐해요?

2 매일 몇 시간정도 한국말을 공부해요?

3-4 호앙 : 지은 씨, 취미가 뭐예요?

지은 : 저는 운동하는 것을 좋아해요. 축구도 좋아하고 야구도 좋아해요. 호앙 씨는요?

호앙 : 저는 농구를 좋아해요. 지은 씨, 농구도 좋아해요?

지은 : 네, 농구는 보는 것도 좋아하지만 제가 하는 것을 더 좋아해요.

호앙 : 요즘에도 운동을 해요?

지은 : 네, 아침마다 수영을 하고, 주말마다 친구와 같이 테니스를 쳐요.

호앙 : 와, 그래서 지은 씨는 항상 건강하군요.

 LESSON 6

1 이번 주 계획이 뭐예요?

2-3 안녕하십니까? 만나서 반갑습니다. 저는 김선아라고 합니다. 오늘은 '계획을 잘 지키는 방법'을 이야기 하려고 합니다. 계획을 잘 지키려면 계획을 잘 세워야 합니다. 요즘 사람들은 바쁘고 시간이 없습니다. 그래서 계획을 잘 세우는 것이 중요합니다. 먼저 다이어리를 준비하십시오. 그리고 꼭 해야 할 일을 쓰십시오. 그리고 이때 먼저 해야 할 일, 중요한 일부터 써야 합니다. 그러면 바빠도 해야 할 일을 할 수 있 습니다.

① 거기 031-273-3839번입니까?

② 가 : 여보세요. 강현수 씨 휴대폰입니다.

나 : 어? 지금 현수 씨 없어요?

가 : 네, 잠깐 나갔어요. 20분쯤 뒤에 다시 전화해 주세요.

나 : 제가 곧 수업을 시작해서 다시 전화할 수 없어요.

　　죄송하지만 저 대신 말씀 좀 전해 주세요.

가 : 네, 알겠습니다.

나 : 저는 진웨이인데요, 내일 여행 가는 것 때문에 전화했어요.

　　내일 왕밍 씨는 같이 여행을 못 가요. 저랑 준코 씨, 호앙 씨, 지은 씨만 가요.

　　내일 오전 10시에 만나서 버스를 타고 갈 거예요. 과자, 음료수, 옷, 돈이 필요해요.

가 : 네, 알겠습니다. 현수 씨한테 전해 줄게요.

나 : 고맙습니다. 안녕히 계세요.

① 이 음식이 어때요? 맛있지요?

② 엥 크 : 현수 씨, 오늘 바지를 사려고 하는데 같이 갈 수 있어요?

현 수 : 네, 좋아요.

〈잠시 후〉

직 원 : 어서오세요.

엥 크 : 현수 씨, 제가 입은 이 바지 어때요?

현 수 : 아주 멋있는데 바지가 좀 작은 것 같아요.

엥 크 : 그렇지요? 바지가 작아서 좀 불편해요.

　　　　저기요, 이 바지보다 큰 것을 입어 볼 수 있습니까?

직 원 : 물론이에요. 여기 있습니다. 이걸로 한번 입어 보세요.

엥 크 : 감사합니다.

〈잠시 후〉

엥 크 : 현수 씨, 어때요?

현 수 : 조금 큰 것 같지만 아주 잘 어울려요.

엥 크 : 그럼, 이 바지로 살래요.

듣기 대본

LESSON 9

 ① 가 : 공부를 잘 하려면 어떻게 해야 돼요?

나 : 단어를 많이 외우도록 하세요.

② 가 : 왜 이렇게 얼굴이 빨갛지요?

나 : 맥주를 조금 마셔서 얼굴이 빨개졌어요.

③ 가 : 요즘 날씨가 어때요?

나 : 겨울이 되니까 추워졌어요.

④ 가 : 그 여자는 너무 예뻐요.

나 : 맞아요. 저도 너무 예쁜 여자는 싫어요.

LESSON 10

 이 음식은 누구에게 좋아요?

② 슌스케 : (기침) 콜록 콜록…….

지　영 : 슌스케 씨, 감기에 걸렸어요?

슌스케 : 아니요, 목이 좀 아파요.

지　영 : 목이 아파요? 왜요?

슌스케 : 요즘 담배를 많이 피워서 목이 좀 아파요.

지　영 : 저런, 담배는 몸에 나빠요. 얼마나 자주 담배를 피우는데요?

슌스케 : 음.. 쉬는 시간마다 피워요.

지　영 : 자주 피우는군요. 그래서 목이 아픈 거예요. 담배를 피우지 마세요. 담배가 건강에 나빠요.

슌스케 : 네, 저도 끊으려고 해요. 그래서 담배 대신에 사탕이나 초콜릿을 먹고 있어요.

지　영 : 사탕이나 초콜릿을 많이 먹으면 건강에 안 좋아요.

슌스케 : 음…….

지　영 : 담배가 피우고 싶으면 물을 마시면 어때요? 물은 몸에도 좋으니까요.

슌스케 : 네, 그럼 물을 마셔 볼게요.

LESSON 11

1. 알아서 해 주세요.

LESSON 12

1. 동생이 참 귀여워 보여요.

2. 호앙 씨가 잠을 자는 것 같아요.

LESSON 13

1-2. 여자 : 이게 누구 사진이에요?

선희 : 제 여동생이에요.

여자 : 선희 씨 동생이에요? 키도 크고 날씬하군요. 아주 여성적인 것 같아요. 모델이에요?

선희 : 아니요, 제 동생은 영화배우예요. 동생은 어머니를 닮고 전 아버지를 닮아서 얼굴이 달라요.
동생은 얼굴은 여성적이지만 성격은 좀 남성적이에요. 활발하고 적극적이에요.

여자 : 동생이 또 있어요?

선희 : 동생은 없고 오빠가 한 명 있어요.
오빠는 저와 성격이 비슷해서 내성적이고 조금 여성적이에요.

여자 : 하지만 그런 남자가 낭만적이어서 여자들이 좋아해요.

선희 : 아, 그렇군요. 그런 여자가 있으면 오빠에게 소개 좀 해 주세요.

여자 : 네, 걱정하지 마세요. 제 친구 중에서 찾아 볼게요.

 듣기 대본

LESSON 14

1 여름 날씨가 많이 덥지요?

2 진웨이 : 지우 씨, 요즘 만나는 사람이 있어요?

지 우 : 지금 만나고 있는 사람은 없어요.

진웨이 : 지우 씨에게 제 친구를 소개해 주고 싶어요. 만나 볼래요?

지 우 : 진웨이 씨의 친구요? 누구예요?

진웨이 : 이름이 왕호인데 지금 대학교에 다니고 있어요.

지 우 : 그렇군요. 그 친구는 어떤 사람이에요?

진웨이 : 왕호는 한국에 온 지 1년이 지났어요.

　　　　조용하지만 마음이 따뜻하고 친절한 사람이에요.

지 우 : 그래요? 그럼, 외모는 어때요? 잘생겼으면 좋겠어요.

진웨이 : 잘생기지는 않았지만 키가 커서 꽤 멋있어요.

지 우 : 음, 키가 크면 좋아요. 그러면 언제 만날까요?

진웨이 : 될 수 있으면 빨리 만나면 좋겠어요. 이번 주 금요일 어때요?

지 우 : 금요일에는 약속이 있으니까 토요일에 만나면 좋겠어요.

진웨이 : 좋아요. 그럼 토요일에 학교 근처 커피숍에서 만납시다.

① 준코 : 미나 씨, 호앙 씨를 만나 봤어요? 어땠어요?

미나 : 사람은 참 좋아 보였는데 제 스타일은 아니에요.

준코 : 그래요? 어떤 점이 마음에 안 들었어요?

미나 : 저는 호앙 씨처럼 착한 사람이 싫어요. 매력이 없어요.

준코 : 그럼 미나 씨는 어떤 스타일이 좋은데요?

미나 : 저는 남성적인 사람이 좋아요.

준코 : 음, 호앙 씨는 아주 자상하지만 남성적인 것 같지 않군요.

미나 : 준코 씨가 저를 생각해서 소개해 줬는데 미안해요.

준코 : 아니에요. 하지만 호앙 씨가 괜찮다고 하면 한 번 더 만나 보는 게 어때요?

미나 : 글쎄요. 호앙 씨도 제가 별로 마음에 안 들 것 같은데요.

② 호앙 : 여보세요.

준코 : 여보세요, 호앙 씨 저 준코예요. 미나 씨 만나보니까 어땠어요?

호앙 : 말도 하지 마세요. 그런 여자는 처음 봤어요.

준코 : 왜 그래요? 무슨 일이 있었어요?

호앙 : 내가 "뭐 할래요?" 물으면 "호앙 씨 마음대로 하세요." 그러고요. 또 "이거 합시다." 그러면 이래서 싫고, "저거 합시다." 그러면 저래서 싫다고 그러고. 어휴, 소개팅 하면서 계속 죽는 줄 알았어요.

준코 : 하하, 호앙 씨. 미나 씨가 호앙 씨 성격을 알아 보려고 한 것 같네요.

호앙 : 네? 그게 무슨 말이에요?

준코 : 미나 씨는 남성적인 사람을 좋아해요.

호앙 : 아, 그래서 미나 씨는 내 성격을 알아 보려고 계속 싫다고 했군요.

준코 : 그런 것 같아요.

호앙 : 그럼 한 번 더 만나보겠어요. 미나 씨가 아직 저의 성격을 잘 모르니까요.

준코 : 잘 생각했어요. 저는 두 사람이 잘 만났으면 좋겠어요.

듣기 대본

LESSON 16

① 이 물건에 대해서 들어 봤어요?

② 시험 시간에 사전을 사용해도 돼요?

LESSON 17

① 여자 : 언제 한국에 왔어요?

남자 : 1년 전에 한국에 와서 대학교에서 한국어를 배우기 시작했어요.

여자 : 한국에서 한국어를 공부하기가 어때요?

남자 : 한국에서 공부하기는 재미있고 좋지만 몸이 아플 때는 좀 힘들어요.

여자 : 그렇군요. 외국 학생이라서 생활하기가 힘들것 같아요. 도움이 필요하면 이야기 하세요. 제가 도
와 줄게요.

(질문) 남자는 한국어 공부가 어떻습니까?

2-3 지우 : 호앙 씨는 언제 공부가 잘 돼요?

호앙 : 저는 시간이나 장소는 중요하지 않아요. 텔레비전을 보면서도 하고 친구들과 같이 만나서도 하
고요. 집에서도 하고 도서관에서도 해요.

지우 : 호앙 씨는 낙천적이라서 그래요. 저는 조금만 시끄러우면 잠도 잘 못 자고 공부도 못해요.

호앙 : 그럼 지우 씨는 언제 공부가 잘 돼요?

지우 : 시간이 많을 때 혼자 조용한 곳에 있어야 공부가 돼요. 다른 사람이나 텔레비전이 있으면 안 돼요.

호앙 : 그래요? 그럼 지우 씨는 평소에 공부하기가 쉽지 않겠군요.

1 　① 가 : 호앙 씨, 오늘 술을 마시러 갈까요?

　　　나 : 저는 오늘 약속이 있어서 다음에 가야겠어요.

　　② 가 : 진웨이 씨, 무슨 고민이 있어요?

　　　나 : 아니에요. 아무 일도 없어요.

　　③ 가 : 집에서 학교까지 꽤 멀지요?

　　　나 : 네, 얼마나 멀지 모르겠어요.

　　④ 가 : 여기는 쓰레기를 버리는 곳이 아니에요.

　　　나 : 아, 그렇군요. 죄송합니다.

2-3 　저는 자취 집을 구하려고 삼일 동안 학교 근처를 다 돌아다녔어요. 저는 전세가 좋지만 전세는 보증금이 비싸기 때문에 월세를 찾고 있어요.

　먼저 아파트 게시판에 있는 광고를 보고 전화를 해서 집을 구경했는데 마음에 들지 않았어요. 집이 모두 오래 되고 따뜻한 물도 잘 안 나왔어요.

　다음에는 부동산에 가서 물어보았는데, 부동산에서 소개해 준 집은 깨끗하고, 따뜻한 물도 잘 나오고 ,난방도 잘 되었지만 학교 근처라서 비쌌어요. 학교 근처에서 살려면 싼 지하방에서 살아야 해요. 하지만 지하는 싫어서 내일부터 학교에서 좀 먼 곳에 가서 집을 찾아볼 거예요.

　저는 자전거를 탈 수 있으니까 자전거로 15분 정도 걸리는 집도 괜찮을 것 같아요. 꼭 좋은 집을 찾을 수 있었으면 좋겠어요.

 LESSON 19

① 시험 때문에 스트레스를 너무 많이 받아요.

② 역무원 : 언제 가방을 잃어버리셨어요?

호 앙 : 10분 전쯤 열차에 놓고 내렸어요.

역무원 : 어디에 놓고 내리셨어요?

호 앙 : 의자 위에 있는 선반에 놓았는데 잊고 그냥 내렸어요.

역무원 : 가방이 어떻게 생겼어요?

호 앙 : 제 가방은 네모 모양이고 검은색이에요.

역무원 : 이 가방보다 커요? 작아요?

호 앙 : 제 생각에는 조금 더 큰 것 같아요.
　　　　그 안에 책이 있는데 제 이름이 써 있어요. 제 이름은 '호앙'이라고 합니다.

역무원 : 가방을 찾으려면 시간이 좀 걸려요. 여기에 연락처를 쓰고 기다리세요.

호 앙 : 그러면 제 휴대폰도 가방 안에 있으니까 친구의 휴대폰 번호를 쓸게요.
　　　　꼭 연락 주세요.

역무원 : 네, 찾을 수 있을 테니까 너무 걱정하지 마세요.

 LESSON 20

① 친구 집에 초대를 받았는데 무엇을 가지고 가야 해요?.

② 한국에서 여행을 한 적이 있어요?

LESSON 21

1-2 저는 날마다 아침 6시에 회사에 가요. 회사가 좀 멀어서 일찍 출발해야 해요. 집에서 지하철역까지 멀지 않아서 걸어서 가요. 걸어서 10분 정도 걸려요.

지하철을 타고 30분쯤 가다가 버스로 갈아타야 해요. 요즘은 환승할인이 되어서 좋아요. 버스를 타고 40분쯤 가면 우리 회사예요.

회사 앞에 도착하면 출근 시간까지 시간이 좀 남아서 회사 근처 빵집에서 빵과 커피를 사 가지고 회사에 갑니다.

집에서 회사까지 시간도 오래 걸리고 교통도 불편하기 때문에 회사 근처로 이사하려고 합니다.

3 ① 가 : 내일 친구랑 연극을 보러 가기로 했어요.

　　나 : 우와, 재미있겠어요.

② 가 : 앞으로 열심히 공부를 해야겠다고 생각해요.

　　나 : 네, 잘 생각했어요.

③ 가 : 민정 씨는 어렸을 때 인기가 많았겠어요.

　　나 : 지금은 아니에요?

④ 가 : 내일 비가 오겠어요.

　　나 : 그걸 어떻게 알아요?

 LESSON 22

1 거기까지 너무 가깝지 않아요?

2 이번 주말에 친구와 같이 스키 타기로 했어요.

3 호 앙 : (혼잣말로) '왕밍 씨에게 무슨 일이 생겼나……왜 삼십 분이 지나도 안 오지?'
어, 왕밍 씨!

왕 밍 : 호앙 씨, 오래 기다렸어요? 미안해요. 제가 너무 늦었지요?

호 앙 : 많이 늦지 않았어요. 그런데 무슨 일 있었어요?
수업이 끝나면 전화를 하기로 했는데 연락도 없고…… 많이 걱정했어요.

왕 밍 : 수업이 늦게 끝났어요. 끝나고 바로 버스를 타고 오는데 퇴근 시간이라서 길이 막혔어요. 전화를
하려고 했지만 배터리가 없어서 전화도 못했어요. 미안해요.

호 앙 : 별일 없어서 다행이에요. 저는 왕밍 씨가 약속 장소를 잘못 알았을 것 같아서 이 근처를 돌아다니
다가 왔어요.

왕 밍 : 벌써 5시 40분이네요. 아직 영화 시간까지는 많이 남았지요?

 LESSON 23

1 ① 가 : 왜 이렇게 일찍 집에 가요?

나 : 집을 청소하려고요.

② 가 : 지금 뭘 하고 있나요?

나 : 저는 공부하고 있어요.

③ 가 : 혹시 길을 잃으셨나요?

나 : 네, 길을 알려 줬어요.

④ 가 : 왜 선물을 사요? 누구에게 줄 거예요?

나 : 생일이라서 여자친구에게 주려고요.

LESSON 24

1 지금 살 건가요?

2 뭘로 하시겠어요?

LESSON 25

1 요즘 중국어를 배워요?

2-3 준 코 : 아까 그 옷이 지우 씨한테 잘 어울렸는데 왜 안 샀어요?

지 우 : 너무 비쌌어요. 저는 지금 5만원밖에 없는데 그 옷은 10만원이에요.

준 코 : 10만원이요? 와, 정말 비싸군요. 다른 옷가게에 가 봅시다. 제가 싸고 예쁜 옷으로 골라 줄게요.
아, 저기 옷가게가 있네요.

점 원 : 어서 오세요.

준 코 : 지우 씨, 이 옷 어때요? 색깔도 예쁘고 가격도 4만원이라서 좋은 것 같은데요.

지 우 : 흠.... 처음 본 옷이 더 좋은 것 같아요. 이 옷도 예쁘지만 아까 너무 예쁜 옷을 보고 와서 이 옷이
별로 마음에 들지 않아요.

준 코 : 그렇군요. 그럼 다른 가게를 더 돌아볼까요?

지 우 : 돈을 더 찾아서 아까 그 가게로 다시 가 볼까요? 친한 선배의 결혼식이니까 좀 비싼 옷을 입고 가
면 더 좋을 것 같아요.

준코 : 맞아요. 다음에 또 입어도 되고요.

지우 : 그래요. 정장은 좀 좋은 옷을 사는 게 좋겠지요? 오랫동안 입을 수 있으니까요.

준코 : 네, 이 근처에 은행이 있는지 찾아봅시다.

LESSON 26

 약 사 : 어떻게 오셨습니까?

진웨이 : 네, 다리를 다쳐서 왔는데요.

약 사 : 병원에 갔어요?

진웨이 : 네, 여기 처방전이요.

약 사 : 다리를 심하게 다쳤군요.

진웨이 : 축구를 하다가 넘어졌어요.

약 사 : 저런. 이 약을 먹으면 곧 나을 거예요.
　　　　약은 식후 30분마다 먹고, 연고는 아침과 저녁에 바르세요.

진웨이 : 네, 알겠습니다.

약 사 : 의사 선생님 말씀처럼 움직이면 안 돼요. 다 나을 때까지 푹 쉬세요.

진웨이 : 네, 알겠습니다.

약 사 : 일주일 후에도 아프면 약국에 오거나 병원에 꼭 가셔야 합니다.

진웨이 : 네, 알겠습니다.

약 사 : 여기 일주일 동안의 약과 연고입니다. 모두 7,800원입니다.

진웨이 : 여기 있습니다.

LESSON 27

 ① 가 : 율리아 씨가 왜 학교에 안 왔어요?

　　나 : 율리아 씨가 배가 아플거라고 했어요.

② 가 : 이번 기말 시험이 어려울까요?

　　나 : 선생님께서 어려울 거라고 하셨어요.

③ 가 : 호앙 씨 여자 친구는 직업이 뭐예요?

　　나 : 호앙 씨가 회사원이라고 했어요.

④ 가 : 어제 문화 수업이 어땠어요?

　　나 : 준코 씨가 재미있었다고 했어요.

LESSON 28

1-2 여러분, 요즘 일기를 잘 쓰고 있어요? 일기는 하루 동안의 일을 쓰는 거예요. 그래서 매일 매일 써야 합니다. 일기는 날짜와 요일, 그리고 날씨를 적어야 합니다. 하루 중에서 가장 기억이 나는 것을 골라서 쓰면 돼요. 글을 쓸 때에는 자기가 느낀 것을 써야 해요. 그래서 나중에 일기를 보면 추억도 되고, 자신을 반성할 수도 있어요. 여러분은 한국어를 배우기 때문에 한국어로 일기를 쓰면 한국어 공부에 도움이 될 겁니다. 오늘부터 일기를 매일 매일 써 보세요.

LESSON 29

1 여러분은 국제결혼에 대해서 어떻게 생각하십니까?

LESSON 30

1 지은아, 오늘 약속 있니? 시간 있으면 같이 동대문 갈래?

2 오늘은 학교에 안 갔어.

3 직 원 : 안녕하십니까? '즐거운 여행사'입니다. 무엇을 도와 드릴까요?

진웨이 : 제주도 여행에 대해서 알아 보려고 하는데요.

직 원 : 어떤 여행을 하고 싶으십니까?

진웨이 : 학교에서 여행을 가려고 해요.

직 원 : 언제 출발하실 겁니까?

진웨이 : 일주일 후에 가려고 합니다. 우리 반은 모두 12명이고 선생님은 두 분 가실 겁니다.

직 원 : 얼마 동안 여행하실 계획인가요?

진웨이 : 2박 3일쯤 하려고 합니다. 가격이 어떻게 됩니까?

직 원 : 평일에 출발하면 한 사람에 200,000원이고, 주말에 출발하면 한 사람에 250,000원 정도입니다.

진웨이 : 그러면 여행사에서 무엇을 예약해 줍니까?

직 원 : 항공권과 숙박을 예약해 드립니다. 관광가이드도 소개해 줍니다.

　　　　또 숙박에 아침과 저녁 식사가 포함됩니다.

진웨이 : 네, 알겠습니다. 더 알아보고 다시 연락드리겠습니다.

 LESSON 31

① ① 가 : 이번 방학에 나는 여행을 할 거야.

　나 : 와, 좋겠다. 잘 다녀와.

② 가 : 준코는 수업이 끝나자마자 어디 갔어?

　나 : 응, 일이 있어서 먼저 간다고 했어.

③ 가 : 누가 내 케이크를 먹어 버렸어?

　나 : 응, 내가 먹어 버릴 거야.

④ 가 : 오늘 밤에는 비가 오겠어.

　나 : 우와, 그걸 어떻게 알아?

memo

과	명사		형용사	동사		부사	문법
1과 저는 왕밍이라고 합니다.	여러분	소개	반갑다	부르다		그냥	N(이)라고 하다
	-급					먼저	(N이/가 N을/를) N(이)라고 부르다
	자기			부탁하다			
	-곡						V1-(으)려고 V2
2과 책을 빌리려면 어떻게 해야 돼요?	정도	신청서		빌리다	대출하다	바로	V-(으)려면
	학생증			알리다	신청하다		(N1에서 N2까지) N이/가 걸리다
	사서			걸리다	내다		
	대출증			나오다	이용하다		N(이)나
3과 체크카드를 만들려면 뭐가 필요해요?	번호표		편하다	뽑다			N(이)랑 (N)
	계좌 번호	현금지급기	필요하다				V-아/어 오다 [가다]
	비밀번호	외국인 등록번호					(N에는) N이/가 필요하다
	카드		비슷하다				
4과 한국 노래를 부를 줄 알아요?	-방	개강	특별하다	한잔하다			N 중에서[에서] 가장[제일]
		파티		약속하다			V-을/ㄹ 줄 알다[모르다]
							V-을/ㄹ래요
5과 수영하는 것을 좋아해요.	그런		오랜만이다	할 수 없다		곧	N마다
	스포츠센터						V- 은/ㄴ 지 N이/가 되다[지나다]
	것						V-는 것을[걸] 좋아하다
							A/V-기 때문에
6과 친구를 사귀거나 공부모임을 만들어 보세요.	방법	모임		찾다			N만/N만 아니면 다 좋다
	계획	게시판		늘다			V-는 대신(에) N 대신(에) A-은/ㄴ 대신(에)
	다른			사귀다			A/V-거나
7과 전화를 바꿨습니다.	여보세요	물론이다		맞다	바꾸다	잘못	잘못 V
	그동안			잊다	끊다	잠깐	A-은/ㄴ데요 V-는데요 N인데요
	뒤			걸다			A/V-네요 N(이)네요
8과 지금 맛 볼 수 있어요?	간식	-인분		싸다 장을 보다		방금	(훨씬) 더[덜]
	계산	분식집				별로	별로 안[못] A/V 별로 A/V-지 않다[못하다]
	떡볶이						A-은/ㄴ 것 같다 V-는 것 같다 N인 것 같다

과	명사		형용사	동사		부사	문법
9과 술을 적당히 드시도록 하세요.	다들	술 문화	빨갛다	따르다	놀라다	적당히	'ㅎ' 불규칙 활용
	반대쪽	건배		남다			(점점) A-아/어지다
	어른			지키다			V-도록 하다/V-지 않도록 하다
10과 운동이 건강에 좋아요.	헬스클럽	몸매		등록하다		자주	N이/가 N에[에게] 좋다[나쁘다]
	여러 가지	기구		살이 찌다		점점	(N부터) V-기 시작하다
	-번						얼마나 자주 – N에 N 번
11과 그냥 예쁘게 잘라 주세요.	연예인			머리를 하다	다듬다	알아서	A-게
	스타일			보기 좋다	자르다		A-아/어 보이다
				보이다			N처럼[같이]
12과 인형처럼 귀엽게 생겼어요.	때		귀엽다	생기다			A-은/ㄴ 것 같다
	인형		착하다	닮다			V-는 것 같다 N인 것 같다
	첫		크다				A-게 생기다 N 같다
13과 낙천적인 사람인 것 같아요.	세상	낭만적	활발하다	어떡하다			N 때문에 / N이기 때문에
	분위기	낙천적	조용하다	모이다			A/V-을/ㄹ 것 같다
	인기	성격	쓸쓸하다				N일 것 같다
	긍정적	부정적	큰일이다				V-은/ㄴ 것 같다
14과 마음이 따뜻한 사람이면 좋겠어요.	이상형		부지런하다	고르다		꽤	A/V-(으)면 되다 N(이)면 되다 V-(으)면 되다
	국적		통하다	돌아가다		제[내] 생각에(는)	A/V-(으)면 좋겠다 N(이)면 좋겠다
						될 수 있으면	A/V-았/었으면 좋겠다 N이었/였으면 좋겠다
15과 영화를 보러 가는 게 어때요?	글쎄(요)		막히다			마음대로	V-게 되다
	소개팅					거의	안[못] A/V-(으)면 안 되다
	게[것이]					별로	V-는 것이[게] 어때요?
16과 사전을 사용해도 돼요?	기억			한숨(을) 쉬다	남다		N에 대해(서) N에 대한
	컨디션			정하다	도움이 되다		V-아/어도 되다
	시험 범위			시험(을) 보다	나다		
	코앞			사용하다			V-(으)면 안 되다

과	명사		형용사	동사		부사	문법
17과 공부하기가 너무 불편해요.	중간시험			(공부가) 되다	구하다	이제	V-기가 A
	성적			쓰다		여럿(이)	N(이)라서
				잡다		일찍	A/V-을/ㄹ 때 A/V-았/었을 때
18과 이사를 가야 겠어요.	고민	자취	힘들다	결심하다		아마	V-아/어야겠다
	이사	월세	편리하다				V-는 곳
	난방	보증금					A/V-을/ㄹ지 모르겠다
19과 꼭 찾을 테니까 걱정하지 마세요.	아이고	유실물센터	분실물센터	소중하다	놓다	꼭	V-는 동안(에)
							A/V-을/ㄹ 테니까
	이런	마음		잃어버리다			V-을/ㄹ 테니까
20과 한국 축제 중에서 재미있기로 유명해요.	궁	수도	다양하다			혹시	N을/를 가지고 오다[가다]
	기념	축제				직접	V-은/ㄴ 적이 있다[없다]
	체험	뮤지컬					A/V-기로 유명하다 N(으)로 유명하다
21과 가다가 모르면 저에게 전화하세요.	지하철 노선도	건너편	할인	복잡하다	들어가다	곧장	V₁-다가 V₂
	-행	패스트푸드점	환승		돌다		V-(으)면 N(이)다 [N이/가 있다]
	골목	출구					A/V-겠-
22과 평일보다는 토요일이 좋지 않아요?	평일			귀찮다	별일 없다	개봉하다	미리	A/V-지 않아요? N 아니에요?
	최근(에)				예매하다			(N와/과) V-기로 하다[약속, 결심]
23과 다른 좌석 중에서 괜찮은 자리가 있나요?	인터넷	좌석			선택하다		V-(으)려고요
	자리	가운데			다녀오다		A-은/ㄴ가요? V-나요? N인가요?
	유효기간						V-은/ㄴ 다음에
24과 치킨으로 하겠어요.	-조각	가격	이상하다	마음에 들다		얼른	A-아/어(서) 죽겠다
	세트 메뉴		저렴하다	주문하다			V-을/ㄹ 건가요?
	사이드 메뉴						N(으)로 하다
25과 색깔이 저하고 안 어울리는 것 같아요.	신부	무늬	분홍색(핑크색)		돌아보다		N이/가 N에[에게] 어울리다 N이/가 N와/과 어울리다
	선배	탈의실					
	결혼식	촉감		탈의실			
	정장	색깔					N밖에 안[못] A/V
	웨딩드레스	보라색					

과	명사			형용사	동사		부사	문법
26과 움직이지 말고 푹 쉬세요.	진료	다행이다		가렵다	치료하다	참다	푹	'ㅅ' 불규칙 활용
	상처				긁다	넘어지다		V₁ -지 말고 V₂ -(으)세요
	약				낫다	바르다		
					움직이다	다치다		
					조심하다	피가 나다		
					붓다			
27과 아프다고 해서 병문안을 왔어요.	웬일	빈-		심심하다	장난을 치다		아무튼	A-다고 하다 V-는/ㄴ다고 하다 N(이)라고 하다
	예의				누르다		전혀	A/V-을/ㄹ 거라고 하다 N일 거라고 하다
	병문안						거의	A/V-았/었다고 하다 N이었다고/였다고 하다
28과 나도 행복을 주는 사람이 되고 싶다.	일기			무섭다	긴장이 되다		하지만	A-다 V-는/ㄴ다 N(이)다
				인기가 많다	명랑하다		모든	A/V-았/었다 N이었다/였다
				외롭다	행복하다			
				친하다				A/V-을/ㄹ 것이다 N일 것이다
29과 한국어 공부가 재미있고 쉽다고 생각했다.	글	주위			나아가다		물론	A-은/ㄴ지 알다[모르다] V-는지 알다[모르다] N인지 알다[모르다]
	복습						꾸준히	
	한 걸음						원래	
	사실						따로	A-다고 생각하다 V-는/ㄴ다고 생각하다 N(이)라고 생각하다
30과 우리 제주도에 가자.	여행사			유명하다	계획이 있다 [없다]			A/V-아/어 N(이)야
	섬				시작되다			A/V-냐/니/지?
	마지막				기대되다			V-자
	응				돌아가다			V-아/어라
31과 큰 소리가 나서 깜짝 놀랐어.	냄새			서운하다	치우다	놀라다	깜짝	V-아/어 버리다
	짜증			속상하다	모으다	상관하다		A/V-을/ㄹ 거야
					다투다			
					사과하다			V₁ -자마자-V₂

좋다!! 한국어 2

초판 1쇄 발행   2019년   6월 5일
 2판 1쇄 발행   2024년 12월 5일

저 자   경기대학교 국제교육원
펴낸이   임 순 재
펴낸곳   (주)한올출판사

등 록   제11-403호
주 소   서울시 마포구 모래내로 83(성산동 한올빌딩 3층)
전 화   (02) 376-4298(대표)
팩 스   (02) 302-8073
홈페이지   www.hanol.co.kr
e-메 일   hanol@hanol.co.kr
ISBN   979-11-6647-505-4